即使是至暗时刻

总有一束光，在为你点亮

即便是人生低谷

总有一个人，在指引你前行

在咨询室的方寸之中

总有一把椅子，在等待你开启心声

在家庭的序位里

总有一个爱的位置，在等待你的回归

也许你该找个人聊疗

宋英杰
严成刚

中国大百科全书出版社

图书在版编目（CIP）数据

也许你该找个人聊疗 / 宋英杰，严成刚著 . —北京：中国大百科全书出版社，2023.4

ISBN 978−7−5202−1322−6

Ⅰ.①也… Ⅱ.①宋… ②严… Ⅲ.①心理学 Ⅳ.① B 84

中国国家版本馆 CIP 数据核字（2023）第 057614 号

出 版 人	刘祚臣
策 划	刘 嘉
责任编辑	常晓迪
责任印制	邹景峰
出版发行	中国大百科全书出版社
地 址	北京阜成门北大街 17 号
邮 编	100037
网 址	http://www.ecph.com.cn
印 刷	北京汇瑞嘉合文化发展有限公司
开 本	787 毫米 × 1092 毫米 1/32
字 数	162 千字
印 张	10.125
版 次	2023 年 4 月第 1 版
印 次	2023 年 10 月第 2 次印刷
定 价	68.00 元

本书如有印装质量问题，请与出版社联系调换 电话：010−88390677

目 录

第 一 章　以淡然生平和，止息愤怒

第四章　以伤痛生涅槃，收获喜悦

序

探寻隐藏的另一面

　　我们都是把光鲜亮丽的一面给了别人，而把痛苦和不堪的另一面留给了自己。他人是很难看到我们这另一面的，所以没有人真正懂我们。我们注定都是孤独的。而心理咨询师，就是那唯一的能真正帮我们面对另一面的人。

　　过去，我们有一个误解，认为这另一面都是垃圾，心理咨询师也常常被戏称为垃圾回收站，心理咨询就是在倒垃圾。我更喜欢把心理咨询师称为能够化腐朽为神奇的魔术师，而心理咨询就是一个见证奇迹的过程。心理咨询师从来都不是垃圾回收站，而是一个"变废为宝"的垃圾转化通道。

只要你愿意，我们就可以开启这一神奇的转化之旅。

心理治疗是一个心理咨询师和来访者合作的过程。疗愈是否发生，取决于双方共同的努力——单方面的努力，即使是百倍的，也注定徒劳无功。

我们每个人都要处理很多的生活事件，过去如此，现在也是，将来亦然。我们成功地处理了很多事情，在这个过程中也形成很多的认知，而其中的一些认知是有害的。

手机在运行过程中会产生很多碎片，这些都是隐形的垃圾，通常我们看不到，也不知道它们都在哪里。毫无疑问，这些垃圾会影响手机的正常运行。要解决这个问题，就需要专业的帮助。

人也是如此。从小到大，我们处理了很多的事件，也形成了很多的认知。只要是认知，就不可能是全对的，或者说都是片面的，但我们又会格外坚持自己那片面的认知。而有些认知不仅仅是片面那么简单，更有可能是完全错误的。

比如小时候我们成功处理了一次剧烈的父母吵架。一方面我们会觉得父母吵架是我们可以处理的，还从中收获了勇敢和信心，另一方面我们也会觉得我们比父母在关系处理方面更厉害，甚至会担心如果他们再次争吵了，我们要是不在他们身边那该怎么办。

21个成长的故事，也是21个爱的故事，如果我们愿意以这些故事作为一面面的镜子，我们将照见我们隐藏的另一面。

每个人从出生到现在，都经历了无数的事件。正是这一桩桩事件的发生，让我们的认知系统成为今天这个样子。尤其是那些对我们的成长具有重要意义的事件，特别是那些给我们带来伤害的事件。

此外，还有我们父辈和祖辈所经历的事件，这些事件形成了他们的认知系统。他们的认知通过耳濡目染、言传身教等形式，在日复一日、年复一年的岁月洗礼下，又潜移默化地融入了我们的认知系统。

通过 21 个故事，我们总结了 21 个疗愈金句。只要你有类似的情形，你都可以通过这些疗愈金句来帮到自己。而这 21 个故事，是我们精心挑选的，都具有代表性。

或许你觉得这些句子平平无奇，或者你都知道，那说明你并没有面对过你隐藏的另一面。

我们都知道手机 APP 有前端和后台，我们能够接触到的也仅仅是手机的前端而已。人其实也有前端和后台，我们通常也只能看到我们的前端。如果我们想要修改前端的话，就必须进入后台，并且还要能在后台进行操作。学过心理学的都知道，前端对应的是我们的意识，后台对应的是我们的潜意识，而我们隐藏的另一面就属于潜意识。

每个人的人生，其实都是每个人自编自导自演的结果。

大多数人只能看到自己人生是自己在演，却看不到自己也在导演；少部分人能够看到自己在自导自演，而只有极少数能够看到不仅是在自导自演，更是在人生的早期就已经写好了自己的剧本。

这些看似平平无奇的金句，其实就是针对我们每个人自己早已写好的人生剧本，进行一种全新的改写。

这些疗愈的句子都是由国内外专业的心理治疗师从无数案例总结而来的，已经帮助数百万的求助者走出了困境。虽然在专业助人者的引导下，疗愈句子才能发挥出最大的作用，但如果你在应用时能够足够走心的话，也能够发挥出 50% 的疗愈力。

这些疗愈金句，并不需要你对着那个人去说，它是属于我们自己的内心独白。

很多人都有这样的误解，就是认为"话一定要对某个人去说"，如果不对着某个人，那就没有必要去说，这样就造成了我们内心的淤堵。

其实，每个人的内心都有很多的话语，这些话语只需要表达，而不需要沟通。沟通向来是两个人的事情，而表达可以是一个人的事情。人们往往注重两个人的沟通，而忽略了一个人的表达。

沟通的功能，是达成外在的和谐，而表达的功能，则是促进内在的和谐。一个人独处时的表达，对每个人来说，都是非常有益身心的。

在使用这些疗愈金句的时候，有以下几点注意事项。

一、除非你已经成为专业助人者，否则不能引导任何他人（包括自己的父母、伴侣和孩子在内）表达本书中的任何疗愈金句。

二、如果你非常想帮助某个人，你可以把本书以赠送的形式给他，然后就此打住。

三、当你表达书中任何疗愈金句的时候，请保证自己是独自一人，同时保持通讯关闭。

四、基于你的事实来选择相应的疗愈金句，与你的生活无关的疗愈金句请直接忽略。

五、不用担心所谓的情绪失控。一个人的时候，无所谓情绪的失控。情绪达到高潮之后，强度自然会下降，这是情绪的规律。

六、在表达疗愈句子的时候，请放下自己的评判，不妨抱着试试看的心理。

最后特别提醒一下，在阅读本书的时候，请保证身边有触手可及的抱枕和足够的纸巾。

喜怒哀惧

天赋的本能，幸福的绊脚石

　　喜怒哀惧，是我们与生俱来的情绪。我们成长中所有的酸甜苦辣都有它们的参与，而我们对它们也习以为常，以致忽略了其潜藏的危害性。

　　喜怒哀惧，一方面的确对我们的生存有着至关重要的作用，另一方面对我们的生活也有着不可低估的负面影响。

　　我们在生活和工作遇到的大多数问题，诸如金钱的匮乏、事业的瓶颈、与父母的纠缠、与伴侣的不和谐、与孩子的沟通，以及孩子的厌学、网瘾等，都和这四种情绪密切相关。

　　这诸多问题的答案都藏在这四种情绪里，因此，我们有必要来探索一番。

我们都觉得过去已经过去，但事实上，过去并没有真的过去。

让过去成为过去，是我们此生的努力方向。这并不只是一句口号，而是需要我们去践行的承诺。连接着过去和现在的，就是我们的情绪，尤其是喜怒哀惧。

在心灵的世界里，时空都是幻相。

喜怒哀惧连通着过去和现在，过去的情绪和现在的情绪一脉相承。无论时空如何变换，同一种情绪总是有着看不见的延续性。

喜怒哀惧，是我们用于生存的四种天赋基本情绪

由于人类生活的复杂性，人类在喜怒哀惧的基础上也发展出了更多的情绪，比如羞愧、思念、忧愁、羡慕、嫉妒、仇恨等。尽管如此，喜怒哀惧仍然占据着重要的位置，并且深深地影响着我们的日常生活。

在人类社会产生文明之前的几百万年，人类的生活基本上是围绕着食物展开的。所以，人的情绪和食物有着密切的联系。

人类想要生存，就必须获得食物。获得了食物，人们不仅可以避免忍饥挨饿，更重要的是能够存活下来，人们因此而欢呼雀跃，这个情绪就是喜。

反之，如果食物一天天减少，或者处于无法获得食物的境况，人们就会忧心忡忡，甚至人心惶惶，这个情绪就是哀。

大自然是一个弱肉强食的世界，如果食物被抢走，人们就会愤怒。愤怒赐予人力量去夺回被抢走的食物。

如果对方过于强大，那就需要保全生命。恐惧让人不至于愤怒过头，及时止损，以避免更大的损失。

总结起来就是：得之则喜，失之则悲，怒而夺之，惧而舍之。

得之则喜

喜爱易令人滋生贪欲，如若不加以节制就会沉溺上瘾，最终无法自拔。

人有喜好之心，就难免有所偏爱、偏袒，而生出执念。执念一起，心魔顿生。执念大多都是自以为是，是许多心理问题的根源。

失之则悲

失去心爱之人或者心爱之物，人就会伤心难过，仿佛身体中的一部分被所失的人或物带走了，因而有悲从中来的感叹，甚至陷入其中不能自已。在悲伤中，人会变得无欲无求，对什么都提不起兴趣。

怒而夺之

愤怒赋予人力量，力量可以用于重建，也可以用于破坏。

愤怒的破坏作用体现为，向外攻击他人，向内自我攻击。向外的愤怒会导致人际关系的破坏，向内的愤怒则有自我毁灭的作用。

惧而舍之

恐惧其实是可以令人生出智慧的，但过度的恐惧让人畏首畏尾，停滞不前。就算是机会近在眼前，也可能因恐惧而坐失良机。

比如恐婚，就是对婚姻的恐惧；还有惧怕成功，因而一旦到了关键时候，要么主动放弃，要么出现各种意外。

心理治疗师的主要任务是，通过帮助人们认识自己心中的喜怒哀惧，进而正确面对人生中的得与失，最终都能够得之坦然、失之淡然、顺其自然、争其必然。

心理治疗的核心逻辑

从谈话疗法到意象排列

　　本书是"意象排列"的奠基之作。对你来说，"意象排列"当然是一个全新的名词。不过，这没有关系，你只需要知道"意象排列是心理治疗的一种"就够了。

　　如果你没有读懂本书中的案例，那不妨多读读本篇。然后，你就会了解什么是心理治疗，以及心理治疗是在做什么，又是如何发生作用的。

　　我把心理治疗划分为"听觉心理治疗"和"视觉心理治疗"，这是非常有意思的划分。而更多专家的划分是"传统心理治疗"和"后现代心理治疗'。意象排列，既属于视觉心理治疗，也属于后现代心理治疗。

　　传统心理治疗也可以称作"谈话疗法"，简称"话疗"（不是话聊）。顾名思义，谈话疗法是指心理治疗师和来访者通过说和听来进行心理治疗的。"谈话疗法"这一概念，形象地诠释了我们大多数人对心理治疗的理解。

毫无疑问，视觉心理治疗的出现，拓展了我们对于心理治疗的认知。相较于谈话疗法而言，心理治疗师不仅仅要听，还要看。这里的看，不是指心理治疗师对来访者的直接观察，而是看另外的东西。

对很多人来说，视觉心理治疗是全新的，并且带有颠覆性。然而，两者之间并不存在本质的区别。所以，我们先撇开两者的分别，来看看两者共同的部分。

心理治疗，是在确立了良好的心理治疗关系的基础上，在一定的设置下的安全受保护的空间中，由经过专门训练的心理治疗师运用心理治疗的有关理论和技术，对来访者进行帮助，以消除或缓解求治者的心理问题或人格障碍，以促进人格向健康、协调方向发展的过程。

以上心理治疗的定义强调了心理治疗需要专业的人员和专业的技术，这没有错。问题在于，这个定义却没有涉及心理治疗的核心。

什么是心理治疗最核心的东西呢？

人与人的不同，就在于认知的不同。心理问题之所以产生，是因为存在一个有问题的认知。所以，心理治疗的核心就是重构来访者的认知，以达到消除心理问题的目的。

谈话疗法，就是通过谈话的方式让来访者改变其认知。但从改变认知这个角度而言，心理治疗存在于很多的谈话中，如家长和孩子的谈话、老师和学生的谈话、领导和下属的谈话等。

这样，心理治疗就被彻底地撕掉了其神秘的面纱，而这正是我的目的所在。

尽管很多的日常谈话中都有着心理治疗的成分，但是专业和非专业之间的差别是巨大的。就好像职业运动员和业余选手，我们都知道那完全不是一个量级。当然，中国足球例外。

心理治疗有很多的技术，彼此之间还存在着很大的差异性。就像我们之前所说的，听觉心理治疗和视觉心理治疗，两者之间存在的差异甚至能够达到"水火不相容"的地步。

视觉心理治疗更侧重于画面，而听觉心理治疗更侧重于语言。这里的画面和语言都是指潜意识的，即潜意识的画面和潜意识的语言。

心理治疗必然涉及潜意识，所以，当事人的认知改变，往往指的是潜意识认知的改变，而不仅仅是意识认知的改变。

潜意识是什么？法国心理学家雅克·拉康有句名言，潜意识是像语言那样构成的。伯特·海灵格更倾向于，潜意识是由画面构成的，即一幅幅"家庭关系位置图"。

语言和图像并不矛盾，两者都指向潜意识，两者既可以相互转化，更可以相互补充。潜意识的观念或者思想，既可以是语言的，也可以是图像的，更可以是语言和图像结合起来的。

而家庭系统排列，更倾向于构建视听一体化的心理治疗模式。

心理治疗一直都在探索潜意识的改变，潜意识的改变要么从语言上去改变，要么从图像上去改变，两者殊途同归，也相互影响。语言的改变也意味画面的改变，图像的改变也意味着语言的改变。

意象排列侧重于内在的图像的改变，内在图像调整了，潜意识的认知也就调整了，人生也就悄然发生变化。

意象排列，是对当事人脑海中的"家庭关系位置图"进行重构的心理治疗技术。

每个人的内心深处（潜意识）都有着一幅幅关于自己家庭的"家庭关系位置图"，因涉及家庭成员不同，其"家庭关系位置图"也存在着差异。

这些"家庭关系位置图"映射着当事人对家庭成员的各种潜意识的认知和态度。心理治疗师对其进行分析，即可绕过当事人的心理防御，直达潜意识，能够快速找到问题核心所在；然后再进行相应的引导，帮助当事人重构"家庭关系位置图"，最终达到疗愈的目的。

意象排列是由德国心理治疗大师伯特·海灵格（Bert Hellinger，1925—2019）的"家庭系统排列"发展而来。传统的"家庭系统排列"采用的是"以人为代表"的工作方式，后来又发展出了以"小物件为代表"的工作方式，而意象排列则不需要借助人和物，由当事人在脑海中构建出"家庭关系位置图"即可。

意象排列既发挥出了家庭系统排列强大的疗愈作用，又保护了当事人的隐私，并且还兼具灵活机动的特点。

意象排列技术化繁为简，其步骤如下：

第一步，在导师的设定下，当事人在脑海中构建"家庭关系位置图"。

当事人不是天马行空地构建"家庭关系位置图"的，而是由导师根据当事人的议题来设定构建"家庭关系位置图"所需要的角色。最常见的初始角色是当事人、伴侣、孩子，或者当事人、父亲、母亲，然后加上当事人的议题。角色以 4 ～ 6 个为宜，不低于 2 个，不超过 8 个，不宜太少或太多。

第二步，导师根据当事人构建的"家庭关系位置图"进行分析。

通过"家庭关系位置图"，可以清晰地看到角色间的长幼秩序，即长辈有没有被当事人放在心中尊敬的位置，孩子有没有被放在不恰当的高位，需要加入一个什么角色等。而之所以出现这种情况，都是因为后来者带着盲目的爱而越了位，或者违反了系统的三大法则。

第三步，在导师的引导下，当事人在脑海中构建出新的"家庭关系位置图"。

导师引导当事人表达出内心中盲目的爱，以及释放出由之而来的情绪，带着爱和尊重回归到原有的位置上，或者在心中给被排除的人一个尊敬的位置。

你也可以试着构想出属于你的"家庭关系位置图"，比如你和父母的"家庭关系位置图"，或者你和伴侣、孩子的"家庭关系位置图"。

你可以把你的家庭成员进行各种组合，总之，家庭成员不同，所构想出的"家庭关系位置图"也是不同的。而每一幅"家庭关系位置图"都能反映出你潜意识的信息，藉由专业的解读就能找出你的问题所在。所以，你的那一幅幅"家庭关系位置图"是怎样的呢？

以淡然生平和，止息愤怒

之所以把愤怒放在第一章，是因为愤怒是我们最常见的一种情绪。因其司空见惯，反而令我们习以为常，忽略其重要性。

愤怒需要释放，问题是对谁去释放。在家庭中，愤怒指向的其实是父母，也就是我们最想对父母表达愤怒。但是我们不敢。小时候不敢是因为我们对抗不了父母，长大后不敢是因为我们对抗不了传统的道德秩序。

我们最善于压抑我们的愤怒。如果我们不敢向父母表达愤怒，那么，我们的愤怒就要转向其他人，诸如领导、老师、权威、制度等，当然也可以转向我们自己，形成自我攻击。

愤怒来自失去。但我们失去之后的第一个情绪不是愤怒，而是哀伤。在很多地方的传统文化和习俗里，哀伤被视为软弱无能的体现。于是，一部分人在面对失去之后，直接跳过了哀伤的体验，表现为愤怒。

在愤怒的疗愈中，第一步是释放愤怒，第二步是体验渺小无力，第三步是和解。

失去是生命的常态，人生就是不断经历失去的过程。

我们一出生，就意味着失去了天堂，即妈妈的子宫；然后，我们失去妈妈温暖的怀抱；接着，还要离开原生家庭；再往后彻底失去原生家庭……最终，我们将失去所有，包括生命本身。

在不断失去中，我们终将发现愤怒是于事无补的。

抑 郁 症

学霸男孩休学在家守护妈妈

在一般认知中，我们总会认为孩子最重要的需求是被爱，事实上不止于此，他们更想要的是向父母展示他们的爱。

德国心理治疗大师、"家庭系统排列"创始人伯特·海灵格认为，关于爱还有一个秘密——孩子以为，他们的爱有着无比的威力。只要他们显示出足够的爱，就可以让其他人快乐；只要他们做了足够的牺牲，也可以为其他人创造快乐。这一带有魔力的态度，使孩子以为可以掌管别人的快乐。父母往往也对孩子持有同样的态度。他们以为，爱有无比强大的力量，只要他们对孩子有足够的爱，孩子便会过得很好。但这只不过是一种一厢情愿的想法，同时又使人感到完全无能为力，因此这份爱有时令人非常痛苦，也常被藏匿在不良或者令人无法理解的行为中。

所以，为人父母者需要重新认知这一点，允许孩子展示他们的爱，这样才能让爱在父母与孩子之间流动起来。

01 初见抑郁的学霸

2021年一个冬日的清晨，北风卷着雪花，似一把把小刀子，把人的脸刮得生疼。即使是穿着厚厚的羽绒服，这零下八度的寒意仍会从丝丝缝缝中扎入，让人禁不住打个寒战。

习惯了时不时打坐冥想、收拾杂乱思绪的我，突然被一阵急促的敲门声惊醒。迎进门来的，是一位中年男士，在简单的相互介绍后，他也说明了来意。原来他的十七岁的儿子江小白，一位高三学霸，刚刚在北京某三甲医院确诊为中度抑郁症，而在此之前，小白也因抑郁症在家休学了一月有余。他和妻子都十分着急，因为距离高考就只剩下六个月了。对于一位即将迎来高考的学生而言，每一天都十分宝贵；但另一方面，看着孩子每天被抑郁症折磨的样子，又不想再让孩子经受更多的刺激。在此两难的境况下，这位父亲敲开了我们的门。

迄今，医学界对抑郁症的成因仍未达成共识，但可以肯定的是，生物、心理与社会环境等诸多方面因素都参与了抑郁症的发病过程。因此，抑郁症的治疗，尤其是中度抑郁症的治疗，不仅要遵循医嘱进行一定程度的药物干预，同时也需要通过一定合理的心理疗法对"内心"进行调理和疏导，以达到"内外兼修、身心和谐"的治疗效果。

对于具有一定遗传性可能的抑郁症，我询问了其家族病史，但这位父亲却有些犹豫地否定了这个问题——对于这种表现，多年的诊疗经验告诉我，他抱有一些自我保护的防御心态。既然如此，我并未追问太多，只是邀请他下一次需要带着孩子和妻子一同过来进行面访，这样我们才能更全面地了解孩子，发掘孩子心理问题的诱因，并制订合理的咨询方案，以帮助孩子尽快恢复健康，回到学校，避免耽误高考。

我们约在一周后进行正式的初访。这一天清晨，当我走进咨询室时，发现他们一家三口已经坐在沙发上等候了，助理也正和孩子的父母攀谈，并填写着来访者资料。我看了一下时间，此时距约定的咨询时间还有十五分钟。在我做咨询准备的时候，助理悄悄在我耳边说，他们提前半小时就来了，但那个男孩却一直都没有说过话。

在青少年的心理个案中，生病的往往不仅仅是孩子，而是整个家庭，或者说，孩子身上的症状是整个家庭的冲突的呈现。民间有俗语曰"孩子不藏病"，说的其实就是孩子会将这种冲突以行为或病症的方式呈现出来，所以会被家长当作病人送去治疗。

心理咨询师不是孩子的拯救者，真正能救孩子的恰恰是孩子的父母和他自己。家长不改变，孩子很难改变。甚至，即使孩子身上发生了很多变化，但因为这种变化会打破家庭原有的病态平衡，反而会使整个家庭很不适应，最后又会拉着孩子倒退回去。因此，对于青少年的心理问题，我会邀请家长和孩子共同走进咨询室。在家庭治疗中，整个家庭都是咨询师的工作对象，并非只针对孩子一个人。

初访的前三十分钟，是与一家三口的共同的面谈和绘画测验评估，小白妈妈的绘画测验则让我有了意外的发现——她的画中显现出了代表抑郁的元素。随即，我向小白妈妈询问，您的个人身体状况怎样，她回答说："挺好。我是教师，我现在每天都正常上班。就是孩子休学的事情让我很头疼，也很着急！"

她的眼神有些闪躲，言语中也有许多隐讳之意。见状我并未深究，转而向小白爸爸询问："你感觉你们的夫妻关系如何？"得到的回答是："哦，很好啊！"——但在绘画测验中所呈现出的，却是他们夫妻之间有一定的距离。

接下来，就是我与小白之间的工作了。

○ 我：小白，你可以说说自己现在的情况吗？

● 小白（注视着我说）：老师，您觉得我是真的得了抑郁症吗？

○ 我：你爸妈把医生出的诊断和测量报告给我看了，上面确实是这样显示的。小白，你有什么想和我聊聊的吗？

（小白将目光移向窗外，沉默不语）

○ 我：小白，如果你不想开口，我来说说你的绘画呈现的内容可以吗？

（小白很是好奇地看着我，用期待的眼神告诉我，很想听听这个）

○ 我：小白，绘画是潜意识的投射，直白一点说就是你内在心理的投射。从你的画中能看出，你是一个自信、积极上进的孩子，有自己的想法，并且很爱你的家，你也非常渴望与人交流。我看到你在守护你的家，同时，也呈现了你当下很焦虑很压抑。你能说说，是什么让你感觉很压抑吗？

● 小白（有些惊讶地看着我）：老师，您说得还挺准。我现在确实很压抑！

○　我（我试探地问）：那是什么让你感觉压抑呢？是学习还是你爸妈？

●　小白（睁大眼睛看着我说）：老师，其实学习，我完全不担心，对于高考我是很有信心的！

○　我：小白，那就是后者了？

●　小白（点点头）：是我妈妈。（说到这里，欲言又止）

○　我：小白，只有当你告诉我事实上发生了什么，我才能更好地帮助到你。你知道你的爸妈也很爱你吗？他们不希望你因此而错过自己美好的前程，尤其你现在是高三了，时间于你而言的重要性，你比我更清楚，对吗？你爸妈在做家庭访谈时，言谈话语间是有所隐瞒和忌讳的，你愿意说说到底发生了什么吗？

●　小白：老师，下次来，我会告诉您的。这次就请您先跟他们交流一下吧。

○　我：好，期待我们下次的会面。

于是，第一次与小白的谈话就这样以悬念收尾了。而与小白爸妈的谈话，他们的言语里只谈孩子的问题，对于家庭、夫妻关系，以及与孩子之间的亲子关系等只字不提。也许是由于小白爸爸是国企领导的缘故，他的话语中充满了刻意的自我防御，虽然很多信息已经体现在他的画里了。小白妈妈的话语不算多，内容都集中在孩子和自身工作所取得的成绩上。

初访之末，小白爸爸表示，他们回去跟孩子商量一下，再决定后续是否咨询。

初访后的第三天，小白爸爸私信我并预约下次面访的时间，话语不多，只表示下次面访是小白妈妈陪同小白过来。

作为咨询师，对待来访者的态度是，不预设、不评判、不期待，需要的是带着好奇和敬畏之心，与案主一起工作，同时除了全力以赴，剩下的就是尊重一切的发生。

02 浮出水面的症结

　　三天后，小白母子来了。小白今天的情绪似乎还不错。出于咨询设置的要求，小白妈妈被安排在等待区，而我则带着小白进入咨询室开始第二次面访。

○　我：小白，很高兴再次见到你，我们继续上次的谈话如何？能告诉我那个答案了吗？

●　小白：老师，其实我曾经在网上学习过一些心理学的知识，也研究了一下抑郁症。我发现，现在和我一样的高中生，其实患抑郁症的有很多，不过抑郁的原因不是因为我们自己，而是因为我们的家庭。我们的病只是在提醒这个家，你们病了！

●　小白（沉默了一下继续说）：老师，我曾尝试过冥想，刚开始效果还好，不过，没多久我就又无法控制我自己的情绪了。

小白双手掩面，陷入深深的无奈之中。

小白的话语不多，但内涵颇深。我很惊讶这位十七岁的高中生能说出这样一番超出这个年龄认知的话语，因为这种视角，常常是我对家长们所采用的。

● 小白：老师，我上次要跟您说的是，其实真正病了的不是我，是我妈！

○ 我：小白，我非常愿意听你说说关于你和妈妈的事情。

● 小白：老师，您会替我保密吗？我爸妈他们都很爱面子。

○ 我（微笑着对小白说）：放心，保密是我们工作的第一原则。另外，我们是签了保密协议的哦，那可是具备法律效力的！

● 小白：好的，老师，我信您！

● 小白：老师，您知道吗？我爸妈都太会伪装了，我觉得他们很虚伪，他们从来不面对自己的问题。其实，我爸妈偶尔还是会吵架的，没他们说的那么好。

● 小白（紧握着拳头说着）：我妈，她才是患了抑郁症的那个人，不是我，不是我！

虽然我早就知晓了小白妈妈在画中透露出的抑郁因素，但此刻仍惊讶于小白敏锐的感知。

○　我：小白，看来你心中对父母有一些情绪在啊。这样，我们先来尝试用"意象排列"的方式，来看看你的抑郁症和你父母之间的关系，如何？

●　小白：老师，我在网上看过"意象对话"疗法的介绍，这二者是不是差不多？

○　我：是的，有相似的地方，都是跟潜意识有关。不过也有不同，我们是根据家庭系统进行排列的。

●　小白：老师，来吧，我虽不懂什么是家庭系统，但是我愿意相信您。

○　我：小白，请你做几次呼吸，闭上眼睛，然后把自己、抑郁症、父亲、母亲放到脑海里。抑郁症你可以跟着感觉随便想象它是人或者物品等，是什么都可以，跟着感觉来就可以。

●　小白（大约三分钟后慢慢地开口说）：我看到爸爸站在卧室的门口骂妈妈，妈妈站在客厅角落里哭泣，抑郁症在妈妈的头顶上，像是一只黑色的老鹰在用鹰喙刺向妈妈。那鹰喙就像一把锋利的匕首，一刀一刀地刺向妈妈，妈妈在流血。我好害怕，我想保护她！我站在距离妈妈大约半米的位置，拼命爬到她身边保护她，但我却很无力，打不过那只老鹰。

○　我（看着小白颤抖的身体说）：你可以跟着感觉，向场景里的谁，先表达一下自己的想法。

● 小白：老师，我想对妈妈说，妈，爸爸不保护你，我来保护你！妈，我来守护你！（说着，小白流下了伤心的泪水）

　　这个十七岁的少年，此刻却哭得像个六七岁的孩子。作为咨询师，我很高兴他能够将内心的情绪释放出来，做回一个孩子，不再去背负父母的责任，也不用去替他的父母悲伤、抑郁！

○ 我：小白，看着意象中的妈妈，对妈妈说，妈妈，我爱你！我想帮你！我想保护你！

● 小白：妈妈，我很爱你，我想保护你，我想要帮你，可我却无能为力啊！我什么也做不了，当我看到你前不久哭的时候还在用头撞墙时，我吓坏了！我害怕你会因此而死掉！你叫我怎能安心去学校呢？妈妈啊！你为什么就不能面对真实的自己呢？面对自己就那么难吗？

○ 我：很好，继续再表达一些。

● 小白：老师啊，你不知道，妈妈用头撞墙已经有两次了。第一次撞墙，头都破了，我让她去看医生，她不去。爸爸害怕丢人，也不带她去，第一次撞墙后，我就选择辍学，待在家里，我害怕妈妈会寻死。

○ 我：小白，妈妈在那之前出现过这种情况吗？

● 小白：没有啊！在妈妈撞墙之前的一段时间，好像是发生过一件事情。妈妈和外婆的关系一直不好。她们除了逢年过节见面打声招呼，几乎不联系，妈妈和外公关系很好，都是他们单线联系，外公也很疼爱我。前不久外婆打电话，好像不知道因为什么事情把妈妈给骂了！随后的一周多，爸妈吵架，妈妈就开始用头撞墙，表示自己不想活了，觉得活着没意思！

○ 我：好的，小白，你继续看向妈妈，对妈妈说，妈妈，无论你经历了什么，我都尊重你的命运，你是给了我生命的人，我的妈妈，你是大的，我是小的。

● 小白：妈，是你生了我，你是我妈，我只是你的儿子。妈，你是大的，我是小的，我只是你的孩子，我尊重你的命运，也尊重你和爸爸的相处模式，以及你们的生活模式。我放下对你们的评判，我做回你们的孩子。妈妈，是我错了！对不起，我爱你！谢谢你！

○ 我：小白，看着父母的方向，给父母鞠躬！

　　小白在意象中鞠躬，身体也随之弯曲下来，低下了头。大约停留了五分钟后，这才身体坐正，仍闭目面朝向我。

○ 我：小白，可以描述一下，当下你脑海中的意象吗？

● 小白：我变成了一个孩子，仰望着爸妈。爸妈站在一起，

我在距离他们一米远的地方看着他们。（当下轻松了很多）

○ 我：抑郁症的老鹰还在吗？

● 小白：脑海中，没有老鹰了！好像是飞走了！

○ 我：很好！请你慢慢地睁开眼睛。我们这次面访结束了，你还有什么问题吗？

● 小白：老师，可以让我妈妈参与咨询吗？

○ 我：可以啊，前提是你妈妈需要自愿参与才可以啊！

● 小白：好的，我争取做做工作，不过我也需要你的帮助！

○ 我：好的，青少年的心理咨询，我一般都会强烈要求父母参与的。

● 小白：老师，如果这次她不做。下次也一定要让她参与。

　　我点点头，走出咨询室。见到小白妈妈，她似乎有些焦急，我与她简单说明了一下咨询的情况，并说明她也要参与咨询，这样才能更好地帮助小白走出抑郁，回到学校。

● 小白妈妈：好的，老师，今天就不参与了，我还需要回学校上班，下次有机会的话，我一定参与咨询。

03 抑郁的 妈妈

　　在第二次面访结束后，小白回到学校上学了。虽然过去的一周他只去了三天，但是状态很好，恢复了往常的学习节奏。这次来，小白妈妈很高兴，到了咨询室就开始向我道谢。

　　按照惯例，第三次面访，案主仍旧是孩子。

○　我：小白，这一周你感觉怎么样？

●　小白：老师，我本来就没真病啊！我的心病是妈妈！这周回学校的感觉很好，还是在学校学习效率高，不过内心还是会隐隐地担心妈妈。

○　我：小白，我们来做个绘画测验吧。

　　我让小白画了自画像，画了跟学校的关系，画了跟妈妈的关系。跟妈妈关系的那张画，确实呈现出焦虑的情绪更多一些。接下来我又给小白做了焦虑情绪的疏导。

就这样，大约三十分钟便结束了咨询。

● 　小白：老师，让我妈咨询吧！

　我点点头。我和小白不约而同地想到了一起。

● 　小白（冲我浅浅微笑后离开了咨询室，走到小白妈妈面前说）：老师叫你进去，有话说。

○ 　我：小白妈妈，我们这次面访还有一些时间。你来体验一下个案吧，以你的视角，探索一下孩子的抑郁症源头吧，不然咨询费也不能退的！

● 　小白妈：好的。好的！

○ 　我：请你闭上眼睛，做几个深呼吸，然后把自己、抑郁症，还有小白、小白爸爸放在脑海里看看。

● 　小白妈：老师，我在看着小白，小白看着抑郁症。抑郁症好像也是个人，她看向外面。小白爸爸就在我身边。

○ 　我：好的，那我们重新换个场景，排列一下你自己、抑郁症、你的妈妈和爸爸（也就是小白的姥姥和姥爷）。

● 　小白妈：老师，我很疑惑，为什么要摆上我爸妈呢？

○ 　我：小白妈妈，放下头脑的思考，跟着我的节奏来，咱们探索一下，这样更有利于帮助到小白。

● 　小白妈：好的。（过了大约3分钟）我看到，我跟爸爸站在一起，妈妈站在我的对面。我看着妈妈有些生气，妈妈也是愤怒地看着我。抑郁症好像一片黑云，在妈妈的头顶上漂浮着。

○　我：跟着感觉，你想对场景中的谁说话呢？

●　小白妈：我只想拉着爸爸的手臂，不想看我妈，我讨厌我妈！我妈一个大字都不识，凭什么跟我爸在一起啊？我爸爸是个教师，有固定编制，如果不是爸爸小时候得过小儿麻痹，我想是不会找到我妈做媳妇的吧？可我特别好奇，爸爸对妈妈从来不发火，还疼爱有加！

○　我：很好，继续表达，你对妈妈说，妈妈我嫉妒你！我对你很生气！

●　小白妈：妈，我对你很生气！我不许你跟我抢爸爸。我爸那么优秀，像我这么优秀的人才有资格站在我爸身边！

○　我：是谁生的你啊？

●　小白妈（低着头说）：是我妈生的啊！

○　我：是啊！看着妈妈，对妈妈说，妈妈，我看见你了！是你给了我生命！你是大的，我是小的。

●　小白妈：妈妈，你是我妈，是你和爸爸给了我生命，你是大的，我是小的。是我搞错了！我承认我嫉妒你。我想爸爸更爱我，而不是你。妈，是我错了！

○　我：很好，现在脑海里的意象是什么？

●　小白妈：爸妈站在我对面，不过我还是很不舍得放开爸爸。还是很想跟爸爸在一起。

○ 我：你多大了，你老公是谁啊？

● 小白妈（似乎恍然醒悟）：我老公是小白爸爸啊。虽然脾气没我爸好，却也是非常爱我的。

○ 我：这样，继续看向爸妈，看着爸爸对爸爸说，爸，我爱你！你没有不让我爱妈妈！爸爸，妈妈是你选的。

● 小白妈：是啊！我爸从来都是让我和妈妈好好相处。爸爸，我爱你！我很爱很爱你，同时，我必须承认是你和妈妈给了我生命，你是我爸，妈妈才是你的妻子，我是你的女儿。爸，你并没有不让我爱妈妈，是我搞错了！对不起！

○ 我：很好，继续看着爸妈，一并表达一下自己的错误，我回到作为你们女儿的位置。

● 小白妈：爸妈，我是你们的女儿。妈妈，对不起，是女儿错了，是女儿不该嫉妒你！妈，我爱你，我也爱爸爸，你没有不让我爱爸爸。我是你们的女儿，我都爱你们，是你们给了我生命，养育我长大！谢谢你们。

○ 我：给父母深深地鞠躬。

这一次，我让小白妈站起来，朝着父母的方向鞠躬，强烈要求她鞠躬超过五分钟以上。

小白妈鞠躬，五六分钟过去了。

● 小白妈：老师，我快站不住了，可以起来了吗？

○ 我：可以，慢慢起身！再缓缓坐下，感受一下。

● 小白妈：老师，我感觉很轻松。（再闭上眼睛感受一下画面，大约一两分钟过去后）我看到爸妈在家有说有笑地做饭，我不在他们的场景里。看着他们幸福的样子，我也很开心。

○ 我：那抑郁症呢？

● 小白妈：脑海里没有了啊！不知道去哪里了！

○ 我：很好，请你慢慢睁开眼睛。我们的咨询结束啦！

● 小白妈：老师，这就结束了啊？那我孩子的抑郁症就能好了吗？

○ 我：是啊，剩下的回去你再观察观察。小白不是已经回到学校了吗？剩下的时间，你再观察一下，根据情况再决定是否还要继续咨询。

● 小白妈：好的，老师谢谢您！我感觉自己还是很轻松的！

○ 我（微笑着看向小白妈妈说）：你有一个特别孝顺可爱的儿子，真的很幸福呢！

小白妈带着满满的成就感，步履轻盈地走出了咨询室。

送走小白母子，我的思绪却难以平静。孩子们还真是上天派来拯救父母的天使啊！

万法皆空，因果不空。爱是有序位的，每个人都有属于自己的序位，也有属于这个序位的权利与责任。每个人都要安守自己的序列位置。如果有人越位，抢到不属于自己的序列里，这种失序会给个人和整个家庭系统带来紊乱。所以，唯有遵循序位法则，才不会出问题。

第三次面访后，果然没有收到小白父母再次约面访的消息。又过了十来天，小白妈妈发信息给我："老师，小白没有再复发，现在上学很正常。并且，很神奇的是，我和我妈的关系也缓和了很多，这周我妈竟然给我打了两次电话，我也不再那么讨厌她了。老师，谢谢你！"

次年夏天，暑假期间，我收到了小白爸爸发来的信息："老师，小白考上了上海交大。太感谢您了，是您帮助了我们整个家庭，挽救了小白的前程！"

我回复道："相信一切都是最好的安排，这也是你们没有放弃孩子，坚持帮助孩子的成果，祝福你们！"

　　有恋父 / 恋母情结的人，可以读写下面疗愈的金句（角色称谓可以根据实际情况变换）：

◊　妈妈，我比你更爱爸爸。

◊　妈妈，我觉得你做爸爸的妻子根本就不合格，如果我在你的位置，一定会比你做得更好。

◊　妈妈，我比你更适合爸爸。

◊　我以为我能比你更好地照顾爸爸，其实我做的跟你比起来太有限了。我能做的只有一时，而你是一直在做。

◊　现在我看到你了，我把属于你的位置还给你。妈妈，是你一直在容忍你的女儿，而我却没有看到。妈妈，我错了！我现在回到我作为你们女儿的位置。

◊　妈妈，你才是爸爸的妻子，我只是你们的女儿。

◊　妈妈，我非常高兴有这么好的爸爸，谢谢你，给我找了这么好的爸爸。

助力高考

孩子从不学习到爱上学习

高考，是人生的分水岭。

这个时期的孩子，已经是半个大人了，有着不成熟但又固执的思想。父母想要通过说教来影响孩子，其作用已经微乎其微了。父母的苦口婆心对孩子而言，不过都是一堆啰里啰唆的无用废话。打也打不得，骂也骂不得，大多数父母只能上演着急上火但又无计可施的戏码。

父母虽然不能直接对孩子施加影响，但还是可以间接影响到孩子。

孩子永远心系两端，一端是自己的学习，另一端是父母的悲喜。前者是孩子的前驱力，后者是孩子的阻力。父母如果增加不了孩子的前驱力，那么至少可以降低孩子的阻力。如果父母能够尽可能地降低阻力的话，那么也是在变相地助力孩子的学习。

单亲妈妈, 喻晓 01

喻晓, 女, 四十五岁, 北京某文化传播公司市场总监。

喻晓是典型的南方女人, 精致婉约。 她和前夫离异多年, 儿子的抚养权归前夫, 但前夫一直不管儿子, 所以, 儿子一直和喻晓一起生活。 儿子今年在读高三。

喻晓的儿子是一个瘦高个儿, 白白净净的, 听话懂事, 显得十分乖巧。 用喻晓自己的说法, 哪儿都好, 就是不好好学习。 上课就想睡觉, 下课就去玩, 足球篮球乒乓球, "有球必应"。 轮到做作业了, 就是不动笔。 初中勉强混下来了, 好歹考上了当地的一所普通高中。

喻晓怎么也想不明白, 自己是一个学霸, 儿子却不爱学习。 到了高中, 儿子还是对学习提不起兴趣, 不知道每天都在想些什么。

对于不写作业的事情, 喻晓也表示无法理解。 喻晓说自己小时候对学习有着一种渴望, 有时候饭都不吃觉也不睡也要把作业完成。

　　自己的工作的确比较忙，但是还是会抽出时间来陪儿子，和他谈心。

　　而在和喻晓儿子的交谈中，我了解到喻晓是一个雷厉风行的女人，工作至上。在家里，孩子感觉不到妈妈的温度，好像是一个按部就班的机器人。

　　我们很自然地谈到了孩子的爸爸，喻晓的前夫。说起前夫，喻晓的音量就开始不自觉地拔高了，语气中夹带着一股浓浓的火药味。

　　在这段婚姻里，前夫就是一个妈宝男，一个还没有长大的孩子。赚钱少就不用说啦，家务活也不愿意做，更可气的是，还动手打儿子。在喻晓的眼中，作为丈夫，他不称职；作为父亲，他更不称职。

　　作为心理咨询师，我觉得有必要在此时让喻晓释放一下对前夫的愤怒。

○　我：想象你前夫此刻就在你面前，你对他说，我对你很生气，很愤怒。

●　喻晓：我对你很生气，特别特别生气，你这个妈宝男。

○　我：很好，继续。

- 喻晓：我对你那么好，那你又是怎么对待我的，你是怎么对孩子的？你尽到了一个做丈夫的责任了吗？你尽到了做父亲的责任了吗？

- 我：嗯，继续。

- 喻晓：你还以为你多了不起？你做的都是狗屁。

- 我：嗯。

- 喻晓：你就是一个自大狂，自以为是的东西，你他妈还打孩子，你有什么资格打孩子？

- 我：继续。

- 喻晓：你不称职，你无耻，你王八蛋……

- 我：很好，大声喊出来。

- 喻晓：我怎么那么倒霉，遇到你这么一个玩意儿！我真是倒八辈子霉了，遇到你。

- 我：继续。

- 喻晓：我恨你，我恨你，我恨不得你去死。

- 我：嗯，很好。

- 喻晓：王八蛋，去死吧！我恨你……恨死你了……

- 我：很好。

- 喻晓：嗯，现在感觉轻松多了。今天真痛快，这些年憋死我了。

- 我：很好，今天的面访就到这里吧。

第二次咨询是在两周后，喻晓独自来到咨询室。

喻晓和前夫是大学同学，在一次辩论赛上相识。两人在辩论中针锋相对，却意外地在私下的交往中擦出了爱情的火花。在一次激情之后，喻晓还怀孕了。那时两个人正面临毕业就业的选择和迫于无法面对两个家庭的压力，同时两个人也没有承担一个孩子的勇气。和大多数人的选择一样，他们一起去医院做了人流手术。

这件事情看上去一点都没有影响两个人的关系，两人依旧相爱，并且在工作后的不久，两个人就结婚了，随后有了现在的儿子。

○ 我：试着想象儿子就在你面前，你的感觉如何，他离你是近是远？

● 喻晓：远，走不近。他总是有意躲着我，眼睛只盯着我们之间的地面。

○ 我：试着去你们之间的地上，想象被你堕胎掉的孩子就在那里。

● 喻晓：注意力集中不起来，好像不想面对，不愿意看，内心有抗拒。

○ 我：你对他们说，我不想面对，不愿意看你们。

● 喻晓：我不想面对，不想看你们……有些恐惧……

○ 我：还有什么感觉？

● 喻晓：伤心，恐惧，抱歉……

○ 我：你说，我不愿意面对，是因为堕掉你，我很伤心。

● 喻晓：心情平静些了。

○ 我：你说，我现在真正看到你了。我很抱歉，我现在面对我的罪疚感，并且在我的心里永远为你保有很重要的位置。

● 喻晓：说不出来，内心还是拒绝，都不想说。

○ 我：试着感受失去他后，你自己的悲伤。

● 喻晓：孩子，对不起，都怨我，怨我太年轻，什么也不懂。

○ 我：抱怨会阻止你去看到这个孩子的。

● 喻晓：嗯，好些了。

○ 我：你说，我现在真正看到你了。

● 喻晓：说完后，感觉跟孩子亲切了很多。

○ 我：你说，在我的心里永远为你保有很重要的位置，我会把你和我活着的孩子一样看待。

- 喻晓：轻松很多，不那么揪心了。
- 我：你说，我面对我的罪疚感。你们是无辜的。
- 喻晓：嗯。
- 我：你试着把堕掉的孩子放在心中，同时看着你现在的孩子。
- 喻晓：孩子冲着我笑。
- 我：你让自己站着不动，看看儿子能否向你这边移动。
- 喻晓：移动了。
- 我：试着看看他能否移动到你的怀抱中。
- 喻晓：愿意，很喜悦。
- 我：你就搂着他。
- 喻晓：好大个子，一米七多了。
- 你：在你心里他总是孩子，母亲总是大的。
- 喻晓：很喜悦，他还是挺顽皮。很感动，终于又回来了。
- 我：好的，今天就到这里如何？
- 喻晓：好的，谢谢你！突然感觉我好累，太奇怪了！

喻晓怎么也不明白，我会问到堕胎的孩子。她说，两者之间并没有任何关联啊。

我给喻晓打了一个比喻。

在高速公路上发生了三辆车的连环追尾，你作为第二辆车的车主，是该找直接撞你车的车主呢，还是第一辆肇事车的车主？如果发生追尾的是五辆车，你如何找到真正的肇事者？如果发生追尾的是一百辆车，那谁才是真正的肇事责任方呢？

如果只有几辆车，我们还是能分辨出真正的肇事者的。而在几十辆车追尾的情况下，我们是找不出真正的肇事者的，我们只会抓住当下我们能看到的那个直接追尾的车主。

我们所见的范围是有限的，我们所见的时间跨度也是有限的，从根本上说，还是我们的认知是有限的。

简单地看，只有第一辆和最后一辆之间有着直接的因果关系，中间都不过是烟幕弹而已。而我们大多数人都会被烟幕弹所迷惑。

　　从第一个孩子被堕胎到第二个孩子的高考，有着二十年的时间跨度，这种影响的传递就不是一百辆车那么简单了，而是有成千上万辆车那么复杂了。

　　而在意象之中，时间的长度就不再是一个令人困扰的问题了。因为意象是当事人的内心图像，而在心的世界里，一念过去、一念未来，过去和未来都只在一念之间。

　　第二年的高考，孩子的成绩高出一本线五十分，这可把喻晓高兴坏了。

　　喻晓告诉我，自从做完个案之后，儿子的学习变得特别主动。原来不想住校就是为了晚上回家能够玩游戏，每天晚上回家都想方设法地找她要手机。后来主动要求住校，从此一发不可收拾，学习动力十足，成绩逐步上升。最后，引起了老师的关注，把他当成重点培养的对象。

如果有堕胎流产的孩子，可以读写下面的疗愈句子。如果有导师带领，疗愈效果更佳：

◊　我的宝贝，是妈妈把你堕掉了。

◊　我的宝贝，虽然是妈妈把你堕掉的，但我真的很爱很爱你。失去你，我非常非常伤心。

◊　我的宝贝，我一直在逃避面对你，因为那是我不可诉说的伤痛。那时我还很年轻，不小心就怀了你，但我根本就不敢把你生下来。

◊　我的宝贝，我现在看到你了，也看到我为了保全了自己的名誉，选择堕掉了你。

◊　我的宝贝，我要面对我堕掉你这个事实，我不能找任何借口弱化事实。就算让我重新选择一次，还是会堕掉你，牺牲你。

◊　我的宝贝，妈妈承担起这件事所有的责任和后果，你是无辜的。

◊　　我的宝贝，你永远都是我的孩子，我的心里和这个家里永远都有你的位置。

姻　缘

想要脱单的白衣女子

于千万人之中遇见你所遇见的人，

于千万年之中，时间的无涯的荒野旦，

没有早一步，也没有晚一步，刚巧赶上了，

那也没有别的话可说，

惟有轻轻地问一声：

"哦，你也在这里吗？"

就如张爱玲在《爱》中所描绘的爱情，不知道有多少人对爱情如此向往过，向往着美好青春年华时，出现那个"对的人"。而今，不知道有多少大龄男女青年一直都在苦苦寻觅，却难以走进婚姻的殿堂，最终错过了那个"深爱的人"，甚至连恋爱都没开始就结哀了！

01 初见
夏沫

　　夏日的周末，午后的阳光在朵朵白云遮蔽下投下斑驳的光影，阵阵清风裹着丝丝凉意，穿过纱窗从咨询室一掠而过。忙碌了一上午的我，在草草填饱肚子后，终于可以在窗边偷闲片刻。伴着那窗外鸟儿叽叽喳喳的歌唱，我开始打坐冥想，以收拾好凌乱的心绪，等待下午第一位案主的到来。

　　十五分钟的冥想似一场心灵的放飞，让人安静且松弛。当我醒来时，恰似冥冥中的安排，门也被敲响了。

　　"老师，您好！"随着清脆悦耳的问候声，一位身着一袭白纱裙、身材纤瘦高挑的女孩子走了进来，清澈的双眸在长长的睫毛下散发着略带忧郁的光——这就是今天下午预约的案主，三十岁的夏沫，一位教师。

　　"老师，今天我过来，是想让您帮我解决一下我的亲密关系的问题。我想脱单。"坐下后，夏沫手里绞着背包的背带，略带羞涩地说。

听到这个议题，我稍微有点吃惊。夏沫这样的女孩子，应该是很多男人心仪的窈窕淑女啊！

○　我：好的，夏沫，请你说说你的情况吧！

●　夏沫：我从来没有谈过男朋友。遇见喜欢我的男人倒是不少，但是没办法跟他们谈朋友。也遇到过我喜欢的，但我害怕进入亲密关系中，始终怀有莫名的恐惧，害怕没有结果！我曾经遇到我非常喜欢的男生，也是不敢答应他，就是莫名的害怕！很痛苦。

○　我：你的父母关系好吗？

●　夏沫：不好，爸妈总是吵架。我小的时候，爸爸还会打妈妈，在我十二岁的时候，他们离婚了。

○　我：好的，那我们来排列看看你不能脱单的原因吧。

●　夏沫：好的。

02 搅进父母关系的小孩

○ 我：请你闭上眼睛，做几个深呼吸。我们进入意象，想象着把自己、婚姻在脑海里进行排列。

● 夏沫：老师，我的脑海里看到一个女孩，独自一人站在那儿。婚姻像一团乌云，在我前方的空中飘浮着。

○ 我：你看着那团乌云，想说些什么呢？

● 夏沫：我不知道说什么，就是紧张和害怕。

○ 我：把爸爸妈妈排列进来看看。你看到了什么？

● 夏沫：我看到了一个小女孩在角落里哭泣。爸爸正在训斥妈妈，我好害怕，好伤心。婚姻变成了一团怒火，在他们的头顶上盘旋。

○ 我：允许自己有情绪的流淌。眼泪就是治愈自我的珍贵的药引子，跟着感觉向他们表达表达。

● 夏沫（伤心地哭着）：爸爸妈妈，我好害怕，你们不要吵了！

○ 我：你看着爸妈，想对谁先表达呢？

● 夏沫：我想对妈妈说："妈妈，我好心疼你！"

○ 我：嗯，很好。多说几遍"妈妈，我爱你"。

● 夏沫：是啊，我爱妈妈，爸爸却不爱妈妈。

○ 我：对着爸爸说："爸爸，我恨你，恨你对妈妈不好！"

● 夏沫：爸爸，我就是恨你！我对你很愤怒，你只会打骂老婆孩子，我恨你！妈妈跟着你太委屈了！

○ 我：重复说几遍"爸爸我对你很愤怒，我恨你"。

● 夏沫（看似柔弱的身躯迸发出巨大的能量，大声喊着）：爸爸，我恨你，你让我对婚姻很恐惧，我都不能相信爱情和婚姻了，都怪你！都怪你！

随着那委屈的哭泣声和嘶吼声，多年的积郁被一声声地释放出来，夏沫的情绪也慢慢平静和缓下来。

○ 我：夏沫，你再看向爸爸，这次会有怎样的感受。

● 夏沫：爸爸低着头，很难过、很愧疚的样子。

○ 我：看着爸爸，说："我有多恨你，就有多爱你！"

● 夏沫：老师，我说不出口。

○ 我：那看着妈妈，对她说："妈妈，我爱你！爸爸是你选的！你的婚姻也是你选的，出于对你尊重，我把你和爸爸的婚姻模式还给你们！"

● 夏沫（看着脑海中的妈妈，委屈地说）：妈妈，你嫁给爸爸真的太委屈了！

随后，夏沫伤心地哭泣了一会儿……

● 夏沫：妈妈，即便我觉得你很委屈，爸爸是你选的，你的婚姻也是你选的，出于对你的尊重，我把你和爸爸的婚姻模式还给你们！我尊重你们的命运，我把你们的命运交还给你们！

○ 我：很好，再看看脑海中的场景和婚姻。

● 夏沫：爸爸妈妈站在我对面，他们的距离近了很多。婚姻在我的头顶上方，不再是乌云了，好像是个太阳，笼罩着我。

○ 我：夏沫，看着脑海中的爸爸，对爸爸说："爸爸，我现在看见你了！我是因为妈妈才不敢爱你，我把你和妈妈的关系还给你们。"

● 夏沫（看着脑海中的爸爸）：爸爸，我把你们的关系还给你，我要做我自己。爸爸，我爱你！

○ 我：走过去抱一抱爸爸妈妈。

● 夏沫：好久没有感受过他们的拥抱了！很温暖。

○ 我：很好，今天我们就到这里。

个案结束，夏沫起身向着我微笑着说了声"谢谢老师"，旋即向房门走去。就在要跨过房门时，她回过头来，似有疑虑地问道："老师，这样，我就会脱单吗？"

我微笑地回答:"你可以回去好好回顾一下刚才我们的咨询过程,消化一下。当你的心念变了,你的周遭自然会有变化,这就是'境随心造'!"

夏沫似乎明白一些:"好的,老师。谢谢您,再见!"

后记

　　夏沫个案结束后的大约第三周，我收到了一条来自她的信息："老师，告诉你一个好消息，之前喜欢我的一个男孩子，最近再一次向我表白。这一回，我准备答应他，先相处试试。"

　　透过她的文字，我仿佛看到了夏沫那张充满幸福的笑脸。

　　我回复她："相信自己，做自己就好，你值得拥有幸福!"

　　如果原生家庭中父亲对母亲有家庭暴力，可以尝试读写疗愈金句：

◊　爸爸，你怎么能这么对待妈妈？你太过分了。我恨你，我非常非常地恨你。

◊　爸爸，你就是一个人渣，你这么做就不配当一个男人。

◊　爸爸，我恨你，我恨死你了。我恨不得揍扁你。

◊　妈妈，出于对你的爱，我恨他，非常地恨他。我想帮到你。但事实上，我什么也做不了。

◊　妈妈，我这样只是想要表达对你的爱，却没有看到你也是同样地爱我。其实，你根本不需要我为你做什么。这是你对我的爱，我却没有接受。

◊　爸爸妈妈，你们的关系是你们大人之间的事情，我只是你们的孩子，我根本没有资格过问你们的关系。

◊　妈妈，爸爸是你选的，我并没有资格替你选择。

◊　妈妈，是我太自大，想替你去承担你选择的结果。

其实你一直都在承担你选择的结果，只是我没有看到。

　　妈妈，你不需要我替你打抱不平。妈妈，出于对你们的尊重，现在我把你选择的结果完全交还给你们自己去承担，我回到自己的位置，做回你们的孩子。

　　爸爸妈妈，我同样地爱你们！

精神分裂

家庭系统动力驱使

　　精神分裂症是一种令人闻之色变的精神疾病，似乎除了用药物治疗之外，再也没有其他更好的办法。而家庭系统排列的出现，让作为精神科医生的我看到了希望。

　　在成为家庭系统排列师的十余年间，我曾在十数个精神分裂患者家庭工作过。这个数字并不高，因为家庭系统排列对于精神分裂症治疗来说，目前仍属于非主流。我觉得哪怕有一线希望，那也是值得尝试的。

　　家庭系统排列的创始人伯特·海灵格对精神分裂有着颠覆性的论述。他认为，精神分裂症患者的家庭中曾经发生过杀人事件，并且可能是几代之前不为人知的。

　　在小说及电影《大红灯笼高高挂》中有这样的一幕，三姨太梅珊因和高医生通奸被处死在小黑屋里，四姨太颂莲在偷偷目睹后被吓疯了。目睹杀人而被吓疯，并不是孤例。

　　我的理解是这样的：一旦有了杀人事件，就有了加害者和被害者，而目睹者在旁观杀人事件之后，就会因为加害和被害这两股力量的撕扯而发疯。一代又一代精神分裂症患者相继出现，则是由于仇恨这一极其强烈的情绪延续的结果。

初见纤度母子是在深秋，窗外的银杏叶已由青变黄，而且是格外的黄了。

雨后的下午，纤度的母亲带着他，在湿冷的空气裹挟下，来到了咨询室。

纤度的母亲还不到六十岁，却有着饱经沧桑的面容。

三十岁的纤度有着近一米八的身高，身材魁梧。但是，这个典型的北方大汉在见到我的时候却是战战兢兢的，眼神透着恐惧，神情警惕。他的表现犹如一个敏感的小孩被突然抛弃在充满着酒精和香水的环境中，在昏暗的灯光下面对众多陌生而扭曲面孔时的反应。

我邀请他们坐了下来，开始第一次访谈。

纤度说，和奶奶很亲，但是母亲和奶奶关系不好，经常吵架。这让他很为难。

纤度的母亲告诉我，纤度在大学二年级时第一次发病。

在大二上学期期末考试结束后，同寝室同学一起出去聚餐，并且喝了一些酒。然后，纤度就说有人跟踪他，监视他，企图迫害他。

起初同学们并没有在意，以为纤度只是酒喝多了。结果，纤度说着说着情绪就激动了起来，并且砸了一辆停在路边的黑色桑塔纳轿车，他说，这就是监视他的那辆车。

此刻，同学们才意识到纤度不是喝多了，可能是精神真的出了问题。

在和纤度的交流中，我发现他眼神飘忽不定，回答问题时总是东扯西拉，时不时还左顾右盼。

纤度的母亲说，此后纤度多次住院治疗，大学没有读完就只能辍学回家了。现在还在经常发笑，说周围有坏人，说有人害他，父母也害他。还说食物不干净，有虫子、大便、头皮屑之类的东西。

最后，我看了一下纤度正在服用的治疗精神分裂症的药物。我叮嘱纤度的母亲要按照医嘱给他服药，同时记录纤度吃药的情况和相应的变化，根据情况变化评估后可以适度调整药量。

我提倡双管齐下的治疗方案。心理治疗固然很重要，但是药物治疗也是必不可少的。如果说心理治疗是治本，那么药物治疗则是治标，我们的目标是示本兼治，既要扬汤止沸，更要釜底抽薪。

02 婆媳的矛盾

第二次咨询，纤度的母亲是独自来的。这是我们之前的约定。时间已是初冬。

简单的寒暄之后，我开门见山地说道："上次孩子提到他和奶奶很亲，也提到了你和他奶奶之间的矛盾。"

纤度的母亲有点猝不及防，看到我态度坚决，就回答道："纤度刚出生的时候，我的状态不大好，大部分时间都是他奶奶在带的。现在想起来，这是我最糟糕的决定，这个决定毁了我的孩子。"

我随即问道："为什么会这么说呢？"

- 她：他奶奶非常强势。明明是我的家，她却成了女主人，好像我是多余的，她和我老公以及孩子才是一家三口。
- 我：这就是你恨她的原因。
- 她：是的。她不仅抢走了我的老公，更抢走了我的孩子，你说我能不恨她吗？我恨她，我恨死她了。

○　我：你可以继续表达对她的恨，充分地去表达。

●　她（声嘶力竭地喊着）：我恨你！我恨死你了！……

　　……

　　大约十分钟后，纤度的母亲终于安静下来了。

○　我：闭上眼睛，深呼吸……然后，你想象一个画面，在这个画面中有你，有孩子，有孩子的奶奶。

○　我：此刻你看到的画面是怎么样的？

●　她：孩子在我和他奶奶中间，好像很害怕的样子。

○　我：你觉得你可以做些什么让孩子不害怕？

●　她：我不知道我能做什么。

○　我：你试着对孩子说，我是允许你爱尔奶奶的。

●　她：好像没有什么用。

○　我：那你对孩子说，你可以不用在意我和你奶奶的关系。

●　她：还是没有什么帮助。

○　我：你对婆婆说，为了孩子，我放下对你的恨，因为孩子很爱你，我不想让孩子为难。

●　她：孩子看起来好多了，没有那么害怕了。

○　我：你对婆婆说，没有你就没有我的家庭，也就没有我的孩子。我要看到你的贡献，看到你的付出。

- 她：我和婆婆能够走到一起了。
- 我：孩子呢？孩子现在感觉怎样？
- 她：孩子看着我们，开心地笑了。

对医生 的恨 03

　　纤度出生在 20 世纪 90 年代初，那时改革开放的春风已经吹遍了中华大地，祖国的大街小巷已然是一片欣欣向荣的景象了。

　　精神分裂症患者大多数都有被害妄想。在纤度此后的人生经历中，也实在无法理解他怎么会有被害的体验。

○　我：在纤度的成长中，他有没有经历什么打击之类的？

●　她：他从小就很听话懂事，和同学相处都很融洽，学习也很自觉，从来都没有让我们操什么心。

○　我：你的父亲是什么时候去世的？

●　她：在我怀纤度六个月的时候，父亲因为肚子不舒服去医院，本来也不是什么大病，结果给医生治死了。

○　我：那你们家有没有向医院索取赔偿之类的？

●　她：医院说，他们没有责任，是父亲病情所致，所以也没有赔偿。

○ 我：提起这件事情，你此刻有什么感受？

● 她：我很伤心，也很不甘心。

○ 我：闭上眼睛，深呼吸……然后，你想象一个画面，在这个画面中有你，你的父亲，还有那个医生，父亲躺在地上。

○ 我：此刻，你看到的画面是怎么样的？

● 她：我扑在父亲身上哭，非常非常伤心。我不能接受父亲的死，我一边哭，一边摇晃着父亲，我想父亲活过来。

○ 我：那个医生呢？

● 她：他在旁边看着。

○ 我：你想对医生说什么？

● 她：你是个刽子手！我要杀了你！我要把你千刀万剐！

○ 我：继续说。

● 她：我恨你，恨死你了！你怎么不死？你要下地狱，我要杀了你！

○ 我：嗯，继续……

● 她：我要掐死你！我要把你剁成肉泥，然后喂狗。我恨你，太恨你了！我要把你碎尸万段，我要你万劫不复。

……

○　我：你去找过这个医生吗？

●　她：没有。

○　我：你这么恨他，为什么从没有去找过他？

●　她：我不敢。

○　我：你以前说过这些发泄的话吗？

●　她：也没有。

○　我：你在心里对医生说，是我面对不了我父亲的死，接受不了父亲这么早就离我而去的结果，其实你只是一个背锅侠。

●　她：这么说了之后，我感觉轻松多了。

○　我：再看着这医生，你有什么感觉？

●　她：感觉他没有那么可恨了。

○　我：很好，现在再去面对父亲，你想说什么？

●　她：爸爸，我很想念你。我想和你在一起，不想和你分开。

○　我：你对爸爸说，我用这样的方式来表达对你的爱。

●　她：爸爸，我用这样的方式表达对你爱。爸爸，我真的很爱很爱你。但是，你怎么那么狠心，就抛下我了呢？

○　我：你对爸爸说，我恨你，恨你抛下了我。

●　她：爸爸，我恨你！你为什么要抛下我啊！我不接受，我不接受。爸爸，我不想你死，我想你活着啊……

我静静地在一旁等待着，等待她平静下来。

○ 我：你对爸爸说，你已经死了三十年了，不可能活过来了。

● 她：我该回到现实中来了。

○ 我：是的，你该醒醒了。

● 她：爸爸，你死了，我会再活一段时间，然后我也会死去。我只是暂时离开你，总有一天我们还会再在一起的。我的心里永远都有你的位置，你所给予我的，都在我的生命里，都还将继续陪伴着我。

○ 我：再一次看着爸爸和医生，你对他们说，我放下你们的故事，走我自己的路。

● 她：感觉像放下了千钧重担一样的轻松。

　　精神分裂症是一种因家庭中存在着巨大的仇恨而生的精神疾病。

　　正因为仇恨难以放下，精神分裂症才难以痊愈。孩子则用疾病的方式来提醒母亲放下仇恨，接受事实。

　　如果我们想要精神分裂症患者得到治愈，那就需要精神分裂症患者的家属放下仇恨，把前人的恩怨交还给前人。

　　个案三个月后，纤度的症状减轻了许多，整个人也精神了。在此后的两年时间里，纤度的药物一直都在减量，再也没有发病了。

　　如果孩子患有精神分裂症，那么孩子的父母有可能活在自己的仇恨里，也可能活在他们的长辈的仇恨里。只有孩子的父母放下仇恨，才能让患精神分裂症的孩子得以疗愈。

　　如果是父母自己的仇恨，那他们自己去化解就可以了。如果是长辈的仇恨，父母可以在想象中看着仇恨的双方，在心里对仇恨的双方说下面的句子。

◊　此时此刻，我看到你们了。我带着我全部的爱，看着你们；我带着我平等的心，看着你们。

◊　你们是大的，我是小的，我没有资格介入你们的冲突。

◊　无论曾经发生了什么，无论你们的恩怨如何，你们都已经死了。

◊　在死亡里，没有所谓的好人，也没有所谓的坏人，没有加害者，也没有受害者。

◊　在死亡里，一切都是尘归尘，土归土，所有人都是一样地归于平静。

我把你们都放在我的心里，我把你们看作是一个整体，平等地看待你们。

事　业
吸引心机女、难避暗箭的雪儿

母亲就是财富，母亲就是成功。

没有任何成功，比得上你成功地来到世上。

一旦我们与母亲产生联结，我们就会在对生命的付出中明白自己。

然而，没有不拯救父母的孩子。走在成功路上的人，如果想要成功，还是要做跟母亲和解的课题。

　　一个初夏的周末，北京迎来了难得的雨天。密集的雨珠拍打在窗上，划出一道道雨痕，又汇成一道道涓流，顺着窗沿落入楼下的庭院。

　　这时，伴随着窗外滴答滴答的雨声，楼道里远远地传来高跟鞋嗒嗒嗒的声音，颇有节奏和力量感，像那英勇的战士走向战场一般。随着脚步声越发临近，我走到门口去迎接，但刚到门口，就迎上来一双晶莹闪动的眼睛。

　　这就是我的案主，雪儿。

　　按照咨询惯例，我们相互做了自我介绍，同时咨询师需要表明我们的咨询设置。当我在陈述这些时，雪儿似乎没办法专注地听下去，眉头一直紧锁着。当我们讨论到咨询议题和目标时，她时而低头，时而抬头，有些不知所措。

● 雪儿：老师，我工作这些年，不知为什么，总是会遇到那些很有心机、背后捅刀子的人，走到哪儿哪儿有，太烦人了！我现在都怀疑自己是不是天生就有吸引"心机女"的体质。

● 雪儿（喝了口水，继续说道）：老师，就说最近吧，我现在在一家上市公司负责行政管理，刚刚晋升加了薪，本来一切都挺好，很开心，可谁知道，又遭人背后捅刀！

● 雪儿（有些愤怒，白皙的手指也紧握成拳）：就是财务总监！平时看着挺好的，哪知这么有心机，她竟然去董事长那儿打我的小报告，气死我了！

○ 我：是啊，遇到这样的情况，换谁都会很生气的，还很委屈呢。

● 雪儿（望着窗外若有所思）：老师，你知道吗？其实不是第一次遇到这样的情况了。我也是被心机女算计，才从上一家公司离职的。还有两年前，我的前男友，就是被身边的心机女同事给撬走的！

○ 我（望着两眼噙泪的雪儿，问道）：那么雪儿，我们这次咨询的议题和目标是什么呢？

● 雪儿（擦了一下眼角）：老师，我想找到，为何我总是吸引心机女的原因！

○ 我：好，那我们就一起探究一下这个问题。

● 雪儿：老师，做完个案我就不会再遇到这样的人了，对吗？

○ 我：我理解你很想解决自我的人际关系，但心理咨询不是特效药，我们需要一起工作来探索这个卡点的因。

● 雪儿：嗯，我明白了，老师，我想改变的意愿很强烈。我需要成功，无论是成功的工作，还是成功的爱情！

02 童年的 记忆宝藏

　　心理咨询工作有时候就像剥洋葱，一层层地剥开并找寻着内心的五味杂陈，而我们要解决的问题也正隐藏在层层的味道中。

　　在意象中，通过我的引导，雪儿在脑海里浮现出了母亲和她的童年往事。

● 　雪儿：在我十岁前，爸妈跟爷爷还有叔婶在一起生活。没有分家前，也许是我的爸妈太听话、太善良了，我甚至觉得他们是不是有点傻，他们把赚来的钱都交给了爷爷！

● 　雪儿（眉毛逐渐拧到了一起，继续回忆说）：我很生气，因为我发现叔婶他们就不会都交出来，他们总会给自己留下许多。我发现后，跑去和我妈说了事情的经过，可是我妈总会说，我们不管别人做什么，只要管好自己就可以了。她还会说，我们交给爷爷，是因为我们做儿女的要孝顺老人。

　　——我很生气，凭啥啊！同样的一家人，凭什么我们就要多干活、多交钱?

● 雪儿（长叹了一口气，继续说）：那时候我很小，我替我爸妈觉得不公平，但我又什么都做不了，我很无奈也很无力，很委屈，凭什么啊!

说完这些，雪儿的眼里已经满是泪水了。

● 雪儿（略带哽咽地继续说道）：老师，可气的事不止这些。那时候，有好几次被我发现婶婶竟然去我爷爷那里打小报告，而且还各种编排我妈，说我妈的不好，又说她自己多么辛苦，家里孩子多么听话之类的话语。

● 雪儿（抬起头来，泪眼蒙胧地对我说）：老师，你说她怎么能这么无耻，这么不要脸啊!

我妈也是，一天天就知道闷头干活，嘴咋那么笨? 那时候都快气死我了! 后来分家的时候，我爷爷竟然还偏向叔婶家，给他们多分了许多的地。

● 雪儿（用纸巾擦拭了一下泪水，恨恨地说）：虽然那时候我不大，但这些事情，我都看在眼里，可是我却什么都做不了。我恨我自己还不够强大，我就只能暗暗发奋读书学习，走出这个农村的小家，走向大城市，让自己变得强大!

听着雪儿述说完对童年的回忆，我递给了她两片纸巾，让她平复一下。

○　我：请再次看向你的母亲，并对她说"妈妈，我看见你了！妈妈，我对你很生气"。

●　雪儿：妈妈，我对你很生气！当我看到你不懂心机，太善良，最后还是被婶婶算计的时候，我觉得特别不公平，感觉很委屈，我特别想去帮你，可我什么也做不了！妈妈，我怨你，怨你为人太正直，哪怕会一点点心机，也不至于受这么多的委屈啊！

○　我：妈妈，我没有资格评判你，我想替你打抱不平！我想帮你！

●　雪儿：妈妈，我不该评判你，你是我妈！妈，我想帮扶你，替你鸣不平！我觉得你不好，可我并不比你强，我也没学会如何有心机。

○　我：妈妈，对不起，是我错了！是我太小看你了！我承认我的渺小，我承认我的无能为力！

●　雪儿：是啊，是我太自以为是了！我害怕你承受不住命运给你带来的不公平，然而这一切，你都承受住了，并且很勇敢很大度地承受了，你不需要我做什么，我只需要做好我自己……

○　我：妈妈，我真正看见你了。我尊重你原本的样子，我也尊重你的命运。

● 雪儿（感觉轻松了很多，继续对妈妈说）：妈妈，我看到我有多怨你，就有多爱你，我看到我有多想拯救你，就是对你有多不尊重了！妈妈，我爱你！

○ 我：现在感觉怎样？

● 雪儿：非常轻松，感觉释然啦！我从来没有从这个角度去看过我妈。

其实我妈妈，才是有大智慧的女人，我的纯粹真的很像她，曾经我以为自己比她优秀，比她做得好太多了，然而我看到了这些智慧的基因都源于我妈的给予！

○ 我：很好，像个孩童一样拥抱一下母亲。

● 雪儿：感觉好温暖，许久没有感受到妈妈的高大了……

○ 我：很好，我们今天的面访结束了！

后记

　　第二次面访，雪儿是迈着轻盈的步伐飞进我的咨询室的，显然，一切已然安好。

● 　雪儿：老师，真是太神奇了！上次回去后自己感觉轻松了很多，什么也没做，一切照旧做自己。不过有一天，董事长突然叫我到办公室，问我："雪儿，你这人吧，你知道你最大的特质是什么吗？"我当时懵懵的，只能摇摇头。董事长说："我就喜欢你这人正直、干实事！回去吧，好好干！"然后我就又懵懵地出来了。

○ 　我（微笑着）：那你的觉察是什么呢？

● 　雪儿：我觉得不是坏事儿，同时我还觉察到我的正直源于我的母亲和父亲，感谢我母亲的豁达和正直！

在大家庭中长大的孩子，如果有帮夫父母、为父母打抱不平的情况，可以对内心的自己读写下面的疗愈金句：

◊　爸爸妈妈，你们太苦了，我想帮助你们。

◊　爸爸妈妈，曾经你们为我付出了那么多，现在我也想通过为你们付出的方式，来表达我对你们的爱。

◊　爸爸妈妈，出于对你们的爱，我很想帮助／拯救你们，无论为此付出什么样的代价，我都愿意。

◊　爸爸妈妈，我以为我能帮助到你们，事实上，这都是我的自以为是。

◊　爸爸妈妈，你们是大的，我是小的。我不但没有帮助到你们，还因此小看了你们，没有尊重到你们。

◊　爸爸妈妈，你们承担起了你们生命中的所有，你们根本就不需要我的帮助，更不需要我的同情，你们需要的是我的尊重。

◊　爸爸妈妈，我看到你们的爱了，谢谢你们。现在，我全然接受你们的爱。

胃　病
对生身母亲的怨恨

如果说哪个器官最能反映我们和母亲的关系，那无疑就是我们的胃了。

我们绝大多数人接受的第一份食物，就是母亲的乳汁。我们对母亲的态度，也反映在我们的肠胃上。一个肠胃功能很好的人，对母亲的接受度通常也是非常高的；而一个对食物挑剔的人，对母亲也一定是挑剔的。

如果你的胃肠不好，或者有某种胃肠疾病，那你不妨体察一下你和母亲的关系。

曾经有一个年轻的案主找我做提升金钱能量的个案。她和她母亲的关系很差。做完个案不到半年，她不仅在经济上有了不小的改善，而且令人非常意外的是，困扰她多年的胃痛在做完个案之后再也没有发作过。

2022 年的元宵节刚过，我的咨询室迎来了一家人，老的小的都有。案主是一位年近七旬的老太太，说实话，这个年龄的案主还真是少见。

情况是老太太的儿子给我介绍的：

老太太从年轻的时候开始，就一直胃不太好，偶尔有胃痛，但也没当一回事。大约五十岁以后，常常胃部不舒服，时有胃痛发作，进食明显减少，去医院看了也就诊断出是个慢性胃炎。

今年入冬以来，情况更糟了，整天不敢吃饭，面黄肌瘦，走路得弯着腰，整个人都佝偻着，已经瘦到了八十来斤。因为老太太的胃病，这个春节大家都没有过好。大年初一早饭只吃了三个饺子，初五吃了四个饺子，十四那天中午更是只喝了一小碗面汤。

过了元宵节，又去医院做了一次全面检查。检查结果是除了慢性胃炎，还有些胃萎缩之外，其他什么毛病都没有。

经过一个亲戚的推荐，抱着试一试的心态，这一家人就来到了我的咨询室。

大致了解情况之后，我让其他人在休息室等候，开始了和老太太的面谈。

我们的谈话从"儿子、儿媳还有孙子都挺孝顺的"开始。老太太也非常认可我的说法，并说自己现在挺幸福的，也非常知足，老伴对自己也是小心照顾，就是这个胃病折磨自己。

然后，我问老太太，她的父母是不是都已经去世了。

老太太说，她的养父养母都已经去世了，他们对自己很好，如同亲生的一样。生身父亲去世得很早，前几年生身母亲也去世了，不过自己当时没有去参加葬礼。

于是，我就接着追问下去，老太太就对我讲述了她的故事。

在她出生之前，生身父母已经有了八个孩子，家里已经穷得都快揭不开锅了，也实在是养不起她。所以，她一出生就被生身父母送给了养父母，自己没有吃过生身母亲一口奶。

后来她长大了，生身母亲曾托人说想见她，但她一口回绝了。生母去世后，哥哥姐姐也托人请她回去参加生母的葬礼，但她最终也还是没有去。现在想起来，她觉得还是有些遗憾的。

闭上眼睛，深呼吸……

然后，你想象一个画面，在这个画面中有你的生母、你的养母、你自己和你的胃病。

在这个案例开始之前，我是有些担心的，毕竟案主年龄这么大了，不一定知道心理咨询是怎么回事，还有她到底能不能够在脑海中出画面。老太太稍后的反应，让我彻底放下了担心。

○　我：此刻你看到的画面是怎么样的？

●　她：我看到的画面是，我和我的养母在一起，我的胃病和生母在一起。

透过这个画面，我看到她内心的矛盾。她既爱她的养母，也爱她的生母，但她分身乏术，她用胃病来表达她对生母的爱。这个画面也显示了，她在意识层面不敢爱她的生母，而只能在潜意识层面来表达她对她生母的爱。这个潜意识的爱她是意识不到的，或者说必须要瞒过她的意识。

而之所以她在意识层面不敢爱生母，一方面是因为她有着被抛弃的愤怒，另一方面也是出于对养母的忠诚。

○　我：你对生母说，妈妈，你为什么把我送走了？

●　她：妈妈，你为什么把我送走？我究竟做错了什么，你要把我送走！

○　我：你继续说，妈妈，你是不是不爱我，你为什么那么狠心？

●　她：她就是狠心，我就是恨她，恨她狠心。

○　我：那你说，妈妈，我恨你，恨你把我送走。

●　她：是的，我恨你！妈妈，我恨你！凭什么就把我送走啊？你就那么不待见我，一天也不想多见，那么迫不及待地把我送走。

○　我：好的。你继续说，妈妈，我恨你，恨你抛弃了我。

●　她：妈妈，我恨你，恨你抛弃了我！我这辈子也不原谅你。你都不要我了，我凭什么要你？我也不要再见到你。

○　我：是的，我就是要报复你，用不见你的方式来报复。

●　她：妈妈，我就用这种方式报复你，谁让你当初抛弃我的？

○　我：现在你感觉如何？

●　她：说出来好多了。老师，我是在报复她吗？都过去这么多年了，我想都算了。我也不想报复她，毕竟她生了我。

○　我：是啊，就是在报复，而且确实也报复了。

●　她：老师，我不想报复了。

○　我：那你还恨她吗？

●　她：不恨了。

○　我：那你对生母说，你对我的伤害，我也报复了，我们扯平了。但是，你生我的恩情，我却还没有还。

●　她：是的，老师，那怎么办？现在她都死了，我没有办法还了。

○　我：你对她说，妈妈，我不想被送走，其实我很想留在你身边。

●　她：说了，想哭。

○　我：你想去抱着妈妈吗？

●　她：想……

○　我：好的，你可以想象你抱着生母，在她怀抱里的画面。

●　她：妈妈的怀抱很温暖，我感觉身体发热。

○　我：很好，你可以继续待在这个感觉里，直到你感到足够了。

就算老太太的生母在她一出生后就把她送走，不代表生母就不爱她，也不代表生母没有抱过她。再怎么说，老太太也在她生母的肚子里待了九个月，由一个受精卵发育成一个健全的胎儿。母亲的温暖是刻在每个孩子的骨子里的，只是后来因为爱的中断和愤恨的情绪，导致了这部分的感受被屏蔽了。通过这种方式，让她重新唤起这部分的感受，让母亲和孩子之间的爱重新流动起来。

几分钟之后……

○　我：此刻你的感觉如何？你看到的画面是怎么样的？

●　她：老师，我现在感觉很温暖，内心感觉到宁静。现在的画面是，我看着生母和养母，有些不知道该怎么办，我的胃病在一旁看着我们三个，不是很近，也不远。

○　我：你对养母说，我很爱你，你为我付出很多，我很在乎你的感受。

●　她：是的，我很爱她，也很在乎她。

○　我：你继续对养母说，如果我认为你不让我爱我的生母，那就太小看你了，也小看了你对我的爱。

●　她：是的，我的养母很爱我，很包容我。我其实很早就知道我是他们收养的，但我从来不敢和他们说。

○　我：你觉得你的养母会不让你爱你的生母吗？

● 她：我的确会顾及她的感受，但可能真的小看了她。我觉得她是允许的，如果我给她提出来的话。

○ 我：好的。你现在可以对生母和养母说，是你们共同成就了我的生命，对我的生命而言，你们缺一不可。你们对我而言，同等的重要，我同样地爱你们。

● 她：老师，我现在感觉到有两个母亲的爱，我感到很幸福。这是我从来都没有过的感受。其实，我一直觉得自己是不幸的，就算我的丈夫和我的孩子一直都对我很好。

○ 我：那你可以好好地去感受这个幸福的感觉。

● 她：谢谢老师！我可以拥抱她们吗？我现在好想抱着她们。

○ 我：当然可以！

几分钟之后，老太太带着满足的表情，睁开了眼睛。

○ 我：此刻你的感觉如何？

● 她：很好，很幸福，从来没有过的幸福。

○ 我：现在，你再去看看你的画面是怎么样的？

● 她：我和生母、养母在一起，我紧紧地搂着她们两个，我的胃病不知道到哪里去了。

○ 我：很好，那我们可以到这里结束吗？

● 她：可以。谢谢老师！

做完个案之后，老太太的儿子开车把她带回去了。

当晚，老太太的儿子就给我发了消息。他说，他的车上是带着一个面包和一盒纯牛奶的，在回家的路上，老太太就把面包和牛奶都干掉了。用老太太自己的话说，她想试试这次咨询究竟怎么样，结果是稍微有点不舒服的感觉。

过了一周左右，老太太的儿子又给我发消息了，并替她的母亲表达了谢意。

消息大概就是：某天的中午，老太太吃了一小碗排骨炖萝卜；某天的早上，老太太吃了十多个饺子；某天的中午，又吃了一些酱肉……而在每次吃完之后，老太太都仔细地去感受，然后反馈说，只是稍微有点不舒服，但是下一句话是比着以前好到天上去了……

一年后的某天，老太太的那位亲戚（也是我的学生）也给我发来了老太太的最新情况。她的原话是这样的：

今天我见到了我嫂子（老太太），与去年相比判若两人。她现在是面色红润，走路昂首挺胸，体重也增加到了一百二十斤。嫂子对我说，做完个案后她的胃病彻底好了，每天照顾孙子、孙女吃喝上学，可带劲了……让我代她谢谢你。

做个案距离现在整整一年了，她的胃病再也没有犯过，用她的话来说是彻底好了……

如果你是被收养的孩子，对你的生身父母，你可以在心里这么说：

◊　爸爸妈妈，你们把我送人了。

◊　爸爸妈妈，你们为什么要把我送走？你们为什么不要我了？是不是因为我是女孩，你们才要把我送走？

◊　爸爸妈妈，我恨你们，恨你们把我送走。兄弟姐妹那么多，偏偏就是把我送走了。

◊　我恨你们，非常非常恨你们。

◊　爸爸妈妈，你们知不知道我不想和你们分开，我想和你们在一起。

◊　爸爸妈妈，就算你们的目的是为了让我得到更好的照顾，我也不想和你们分开。

◊　爸爸妈妈，我爱你们。

对你的养父母，你可以在心里这么说：

◊　爸爸妈妈，是你们把我抚养长大了。

◊　爸爸妈妈，你们是我的养父母，是你们抚养我长大，把我养育成人，我很感激你们，也很爱你们。而他们始终是我的生身父母，我的身上流着他们的血。

◊　爸爸妈妈，我很爱他们，我是因为你们才不敢爱他们的。这样其实低估了你们对我的爱，如果你们知晓我内心的痛苦，是能够接受我爱他们的，因为你们也非常非常爱我。

◊　爸爸妈妈，是你们共同成就了我的生命，对我的生命而言，你们缺一不可。

◊　爸爸妈妈，你们都是我的父母，在我的心里你们有同等的位置，我同样地爱你们。

以希望生坚持，代解悲伤

说到失去，最大的失去就是亲人的离世，尤其是父母的离世，因而也造就了我们最大的悲伤。

我们常常把生死视为对立。人一旦死亡，就意味着再也不能相见。因此，我们对死亡有着极大的恐惧，也有着极大的误解。

悲伤往往会持续很久，因此有着持续性的影响。一位至亲的去世，往往会使整个家庭都笼罩在悲伤的氛围之中，甚至还弥漫到新产生的家庭中。

我们常常用愤怒来掩盖悲伤，所以才有悲愤一词。

父母如果去世，孩子就会生出想要去陪伴父母的想法。这个想法是基于爱，也可能是基于依赖，爱和依赖原本是一体两面。

简单地说就是，父母死了，孩子也想死。但想死并不意味会去自杀，就好比我们想抢银行但实际上却根本不会那么做一样。

大多数人都会否认自己有想死的想法，他们很努力地活着，不让自己消沉下去，其实是在对抗死亡。

真正的疗愈是向死而生，即直面自己想死的念头，释放自己的悲伤，看到自己对亲人的爱，并且活好自己。

抑郁辍学

六年级学霸女孩说："妈妈，我抑郁啦！"

你问我出生前在做什么

我答我在天上挑妈妈

看见你了

觉得你特别好

想做你的儿子

又觉得自己可能没那个运气

没想到

第二天一早

我已经在你肚子里了！

这是几年前爆红网络的一位名叫朱尔的八岁小学生写给妈妈的一首小诗。我曾经将这首诗分享给我五岁的儿子，当时他听着听着，就抱着我哭着说："妈妈，你不知道我也在天上找你找得好苦啊！"——那一刻，我也是瞬间泪眼蒙胧。

父母们都自认为很爱他们的孩子，但是我们又有谁会觉察，在孩子的世界里，我们就是他们的一切，他们对父母的爱远胜过爱一切，因为他们认为父母是他们的天和地。

突然的信息，
焦急的妈妈 01

与艾美的相遇，既突然又曲折。有一天，我的微信对话栏突然闪出了一串语音信息，对方的备注名字是"艾美妈妈"。在微信里，她像连珠炮一般不停地讲述她和女儿的事情，使得我的手机振动个不停。这让正在个案中的我，只能向我的案主报以歉意，并拿起手机准备完全静音。就在这时，又一条视频对话的请求闯入并在手机屏幕上闪烁，仔细一看，还是艾美妈妈。我只能挂掉，并留言告诉她，我正在处理个案中，请与我的助理联系并留下预约信息。

事有规，物有矩。一次有效的心理咨询工作的前提是能够与来访者建立良好的咨访关系，而建立这种关系的核心要素之一则是"相互尊重"。在我以往的咨询工作中，经常会遇到这类情况，案主缺乏边界感——不约而至，不问而取。因此，规范的咨询设置，是一次良好的咨询工作的开始。

对于艾美妈妈的不约而问，我能够理解是作为妈妈的焦急所致，但这并不意味着她和她的女儿就做好了迎接个案咨询的准备，因此于我而言，秉持着"来者不惧，去者不追，不来不助，来者未必能助"的咨询师信条，如果真的有缘，我们会不期而遇的。

两周后，日常工作的连番忙碌让我几乎忘记了这件事情。一日下午，正在小憩的我，又被手机突然闪出的信息惊醒——又是艾美妈妈。她在微信里说："老师，我女儿说她自己抑郁了，想要约咨询师，已经请假在家四天了，在家就是玩手机。我能跟您约个时间吗？"

又是突然袭击？我整理一下情绪，回复道："可以啊，您先和我详细说一下她的情况吧。"

就在我的手指刚触到了发送键，还未按下去时，对话窗口里就蹦出了一条微信转账信息！好吧，看来艾美的情况已经让这位妈妈焦急到一定程度了。

我只得起身，打开个案记录，查找到艾美的资料，并拨通了艾美妈妈的电话。在通话中我介绍了咨询设置与原则，艾美妈妈听后表示会完全接受和支持，只要能帮助到孩子就好，而时间就约在本周末。——嗯，不期而遇，相信一切都是最好的安排。

初见低头不语 02
的艾美

艾美家住在廊坊，距我工作室的路程实在不算近。艾美一家驱车而来，路上足足用了三个多小时。

十三岁的艾美，是跟在父母身后走进咨询室的。她身着白色的外套，个头不高，但纤细苗条，皮肤白皙，一头乌黑亮丽的秀发在脑后束成斜马尾，垂在肩上。弯弯的眉毛下，扑闪着一双水灵灵的大眼睛。进屋后，她只是偶尔观察我几眼，随即又低下头去，盯着地板。

对于青少年个案的初访，我依然选用了绘画和三生万物棋进行测验和评估。测验后，与艾美父母简单沟通了一下后，余下的四十分钟就全留给了艾美。

我给艾美的杯子里加了点水，微笑着问道："艾美，你愿意介绍一下自己吗？或者和我说说，你遇到怎样的困惑了？"

艾美依然低着头，只是很小声地"嗯"了一声。

○　我：有些紧张是吗？那这样，我先来介绍一下我自己吧！

　　此时的艾美还是有些紧张，只是抬了一下头，就又低头搓着自己的衣角。

○　我：艾美，我们可以看着彼此的眼睛吗？眼睛是心灵的窗口，你愿意看着我的眼睛吗？

　　艾美紧张的表情似乎有所松动，略略地抬起了额角，用眼睛偷偷地瞄着我，不过很快又低下了头。

○　我：艾美，我听你妈妈说，你曾让妈妈找过一次心理咨询师，是这样吗？和我说说呗？

●　艾美（只是略微地点点头，沉默了几秒钟后喃喃道）：只是见了一次……

　　虽然声音不大，但艾美对上一次的咨询体验轻描淡写地说，就是咨询师慢慢地讲，自己静静地听。

　　听完她的讲述，我微笑地问她：艾美，那你期望我们接下来，用什么样的方式交流呢？

● 艾美（再次低下头）：我不知道。

○ 我：艾美，那这样，我们先来聊聊你刚才画的那幅画吧，绘画是我们内在的投射。

艾美的好奇心似乎被我的话给激活了，抬起头，瞪着大大的眼睛望着我。

我按照画中所显化的焦虑的元素，说了一下她焦虑的情绪，并且还问了她一个问题："你身体的某个部位，是不是受过伤？"

● 艾美（眼神充满好奇，声调不由略高地问）：老师，您怎么知道我受过伤？

○ 我：是你的画告诉我的啊！我注意到你在画腿的时候，线条是反复勾勒过的，这代表你在这个部分有一定的焦虑情绪或者是不自信。

艾美抬起头看着我，聚精会神地听着，时而点头示意。

○ 我：艾美，这样吧，我们再画几张如何？比如，你的"抑郁"情绪，还有你和学校的关系。

艾美拿过纸就开始画，边画还边对我说，说她很喜欢动漫，也学过画画。很快，她就完成了她的"作品"。

○　我：请你来说说你的画吧。

接下来，我一边欣赏她的画，一边引导她抒发焦虑的情绪。

时间过得很快，初访的结束时间到了。我请艾美到外面等候，并请她的父母进来。虽然只是简短地沟通今天咨询的情况，但是艾美妈妈的一番言语，却让我对艾美的情况有了更多的发现。

艾美妈妈说，艾美是班里的学霸，学习成绩年年第一。不过，去年就在她五年级时，她曾休学了一周，而到了今年转入六年级后，她就开始有点厌学。开学不久也有两天请假在家，不过后来又恢复上学了。虽然这样，但艾美这学期的考试仍然取得了不错的成绩。

艾美妈妈的话一旦开始，就停不下来，而艾美的爸爸则只是坐在一旁静静听着。我只能打断艾美妈妈的话，向他们二位讲明，对于青少年的个案咨询，需要父母也参与咨询，或至少其中一人深度参与进来。艾美妈妈表示没有问题，但艾美爸爸却一口回绝："老师，您只要调整她们娘儿俩就行了。"——嗯，这是事出反常，必有缘故啊！

在最后我又向这二位说明，回家后可以向艾美询问对咨询的感受，但是一定不要询问谈话的细节，以免引起孩子的逆反。另外，本次咨询后，孩子应该会回到学校，不过会存在很多不稳定的因素，因为艾美厌学和抑郁的根本原因还未定位清楚，所以最好还是要依照约定的咨询设置按时来面访。

送走了艾美一家，我站在门口望着他们的背影，回想着这次面访的细节。依据以往的经验，艾美的问题绝不会是表面的厌学，这其中貌似还隐藏着深深的家庭问题。——好吧，我刻板了，我还是要遵循心理咨询师的原则"不预设、不期待"，我只需要带着好奇心，全力以赴并尊重一切的发生就好！

画随心转，
渐入佳境

出乎意料的是，初访结束后不到半个小时，我就收到了艾美妈妈的信息："老师，艾美对您的印象非常好，她让我和您约下一次的面访。她还说您对她的画分析得很准，她还想再多画几幅，让您给看看呢……"——不出意料，又是一大串语音和信息。

我们约定了下次面访的时间，可是隔了一天后，艾美妈妈以有事为由改时间，然而具体时间又无法确定。对此，我只能在短暂的腹诽之后，向艾美妈妈重申了我们所约定的咨询设置，同时就艾美当前治疗的进展，告知她仍需趁热打铁，稳定孩子治疗的效果，这样更有助于孩子重返校园，安心学习。而艾美妈妈也终于在我的要求下，确定了第二次面访的时间。

距离初访的两周后，艾美妈妈终于带着她再一次来到咨询室。这次艾美开朗了许多，明显是带着满满的期待而来。一进来就主动和我攀谈起来，还发现了我窗台边新添的一盆石斛兰。

艾美睁着大大的眼睛，一脸好奇地趴在窗边看着花，开心地说："老师，这盆花好好看，好像许多紫白相间的小蝴蝶在飞！"

看着艾美那副可爱的样子，我内心深深地替她欢喜。也许，这个小案主的心防已经悄然打开，这才是这个年龄段女孩子应有的状态。

不过，就在艾美观赏那盆石斛兰的时候，艾美妈妈也在小声地告诉我，艾美在初访后，真的按照和我的约定回到了学校，但是去了三天就又请假在家了。本来他们觉得也许过两天会好转，可是艾美却一再要求妈妈再带她来我这里，而且还和妈妈大吵了一架。也正因为如此，才让艾美妈妈下定了决心，与我再次约了面方。

这番诉说，也让我对艾美当下的心理状态产生了好奇之心。我将艾美妈妈请到等待区后，开始了对艾美的面访。

○ 我：艾美，那我们探讨一下你们之间到底发生了什么。
● 艾美：老师，我不想说。

○ 我：那好，你可以画出来，我们一起看看……

孩子的画会说话，这是真的。

当艾美听到我分析出她和妈妈的关系是她焦虑情绪的核心点，同时她和妈妈有角色错位的时候，她再次被惊讶到了。与此同时，她的委屈和疲惫的状态都呈现出来了。

● 艾美：我没办法专心学习……

○ 我：艾美，可以跟我说说，你和妈妈之间到底发生了什么吗？

● 艾美：我撞见妈妈，好几次在家偷偷地哭，问她也不说。

○ 我：那妈妈还有什么行为让你担心的呢？

● 艾美：我怕妈妈会想不开。

○ 我：想不开？

● 艾美：我有一次放学回到家，看到不知道发生了什么，妈妈在用头撞墙，都肿了！

○ 我：然后呢？

● 艾美：我特别害怕，害怕她会死！

○ 我：这样，你可以把妈妈撞墙的场景画出来吗？

● 艾美：好的。（随即画了起来）

○ 我：你可以对着画中的妈妈表达一下。

● 艾美：妈妈，我害怕你会想不开死了，我好担心你！你叫我怎么安心去上学呢？

○ 我：是啊！你是多么爱妈妈啊！

● 艾美：妈妈我爱你，我害怕失去你！

○ 我：对着自己表达一下，小艾美，我看到你很害怕。

● 艾美：小艾美，你被妈妈吓到了！我看到你很害怕。

○ 我：闭上眼睛抱抱自己。

● 艾美：好的，感受好多啦。

○ 我：爸爸知道你妈妈的情况吗？

● 艾美：我跟爸爸聊过，他说知道的，叫我别担心，可我还是担心。

○ 我：好的，明白了。艾美，我们再次画一下，你和梦想的关系吧。

艾美惊讶了一下，还是挥笔作画去了。

○ 我：请帮我介绍一下你的画吧。

● 艾美（开心地说）：我想考央美，我喜欢美术，我要实现我的理想。

○ 我：做自己喜欢的事情，真的特别棒。那么，现在我们要怎样做才能实现自己的理想呢？

● 艾美：我要回到学校，好好学习。

○ 我：是啊！很好。

● 艾美：我是该回学校上学了，可还是有点担心妈妈，不过好很多了！

○ 我：相信妈妈，我后续也会邀请妈妈做咨询的。

● 艾美：老师，那真的太好了……

　　就这样，第二次面访在我们愉悦的憧憬中结束了。

第三次面访的意向虽已达成，却依然是波折不断。

无论是初访之时对于艾美妈的测验，还是两次面访中由艾美那里得到的信息，都将引发艾美问题的根源指向了艾美妈，所以在与她沟通第三次面访的时候，我向她提出了需要她进行一次单独个案的要求——可是，这个要求被她拒绝了。

艾美妈在微信中写道：老师，这次还是给艾美做个案吧。做家长的，没有什么过不去的。她从您那里回来，改变了不少，我看着也高兴。我希望您给她再巩固一下，别再反复了。

○ 我：艾美妈妈，你的问题如果能够解决，也会让艾美更好地恢复啊。

● 艾美妈：老师，说实话，我们现在经济也不是很宽裕，而且每次折腾这么远过来，还是先可着孩子吧。她好了，给她花多少钱都值。对于我的问题，就不浪费这个钱了。

既然艾美妈如此说了，我也不再坚持，便与她约定了第三次面访的时间——但是，为了我的小案主，我是不会如此轻易地"放过"艾美妈的！

很快到了面访的那天，艾美妈如约带着艾美来到了咨询室。艾美妈妈也如往常去了休息区等待，留下了艾美与我进行个案。

我与艾美依旧在绘画中开始了咨询，不过今天的艾美很不同以往。今天的她像和老朋友一样，一边抓着画笔画画，一边对我开启了喋喋不休的吐槽模式，不停地讲着她学校里发生的各种事情。

● 艾美（晃着小脑袋）：老师，您知道吗？我们班同学都特"卷"，哎，一个个偷着报课外班，大家还比谁刷的卷子多呢……

我一边倾听，一边也在不断观察着她的画和她的改变。很快，二十分钟过去了，艾美的小嘴就像机关枪一样一刻未停。最终我确认了，我面前的这个小案主终于恢复到

"超级无敌美少女"的状态了。

○　　我：艾美，老师现在已经可以确认，你已经能量满满了。老师觉得，我们接下来应该留些时间，给你妈妈做个个案如何？

●　　艾美（猛点着头）：对对对，老师，这个一定要，最该做咨询的不是我，应该是我妈！

○　　我：那好，那现在就请你去把妈妈请进来，好吗？

艾美点头答应后，就跑出了房间，将妈妈拉了进来。艾美将妈妈按在沙发上，表情很严肃地对妈妈说："妈妈，老师有话要对你说，你要认真对待啊！"说完，她扭头冲着我眨了眨眼，就退出了房间，并轻轻地关上了房门。

看着女儿那调皮的样子，艾美妈妈似乎感觉到了什么，有些紧张地望着我。

我递给她了一杯水，微笑着对她说："艾美妈，首先要告诉你一个好消息，就是艾美今天的表现，状态很不错！"

艾美妈听到我如此说，长吁了一口气。我接着说："不过，艾美对我提了一下小小的要求。"——艾美妈似乎又紧张了起来。

○　我：今天的咨询还剩下半小时，艾美想让给妈妈做个咨询，体验一下。

●　艾美妈（愣了一下，不过随即便会心地一笑）：这孩子。好吧，老师，我就听她一回。

○　我：那好，艾美妈，接下来请闭上眼睛，将你自己、你的爸爸、孩子和辍学放进意象中。

很快，我们就进入了艾美妈的意象世界。

●　艾美妈：我看到我爸躺在地上，女儿想挡在我面前不让我看，辍学的症状好似一个黑衣人在那儿注视着女儿。

○　我：看着画面，你想对谁表达一下？

●　艾美妈：我爸在我十六岁的时候就去世了，丢下了我和妈妈，还有弟弟、妹妹。失去了父亲的家里，我只能挑起帮助妈妈照顾弟妹的责任。我想我爸！

●　艾美妈（泪水顺着眼角不断地涌出，哽咽地说着）：爸，就是你死得太早了！你知道这么些年，我们是怎么走过来的吗？……你走了，我也不想活了，我甚至两三次想自杀，但是，但是我没有勇气，因为我不得不活啊！

○　我：爸，你死了，我很伤心，我很想念你。

●　艾美妈：爸，我好伤心，好想你啊！这么多年过去了，还是很想你！多希望你还活着。

○　我：爸，即便我想让你活着，但你死了这也是事实，你都死了三十年了！

●　艾美妈：是啊，我爸都死这么多年了。爸，我好想念你！

○　我：爸爸，我看到你了，你是大的，我是小的，我尊重你的命运。

●　艾美妈：是啊，这些年我感觉自己成了家里的爸爸，帮助妈撑起这个家。

○　我：爸，你才是这个家的男主人，我一直都是你的女儿，是我太自大了。

●　艾美妈：是啊，现在感觉很轻松，不那么累了。

○　我：爸，是我错了，是我太自大了。爸爸，对不起，我爱你！

●　艾美妈：爸，我爱你！（鞠躬）

○　我：向父亲告别，带着父亲给的爱过好自己的生活，照顾好自己的家庭，照顾好女儿。

●　艾美妈：我是该好好照顾我的家庭，照顾女儿，做回我自己。

○　我：感觉如何？

●　艾美妈：很轻松，似乎很多年没感觉这么轻松了！

○　我：脑海里有怎样的画面？

●　艾美妈：我在抱着女儿，爸爸走了，辍字也不见了！

○　我：很好，可以记住这个感觉。慢慢睁开眼睛吧。

● 艾美妈：我真没想到，孩子的辍学竟然与我爸爸的死有关。
○ 我：当我们有悲伤在，就会有死亡动力在影响我们。

　　随着艾美妈妈的鞠躬交还，以及表达对父亲的思念与爱，她的蜕变也自然而然地发生了。而那最初萦绕在意象中代表"辍学"的黑影，也早已烟消云散了。
　　咨询结束时，我悄声对艾美妈妈说："你知道吗？你的女儿就如你一般优秀，而且她比你想象的更爱你！"艾美妈妈微笑着点了一下头。

○ 我：虽然艾美以往的一系列举动看似青春期叛逆，其实，不是的！
○ 我（顿了一下，继续说）：其实，艾美是害怕你会死！她是希望这样可以引起你的关注，阻止你，保护你。

　　艾美妈听到我说的，大大地睁圆了眼睛，随即似有明悟，说："老师，我懂了，我不会再让我的女儿担心了！"
　　在艾美妈走出咨询室，看见艾美的那一刻时，她疾走上前，紧紧地抱住了她的女儿——似乎又有泪水从她的眼角滑落。

　　个案结束了，也超时约二十分钟，然而我并未额外收费。虽然我会严格恪守咨询原则与边界，但我从事心理咨询的初心，不就是让爱的光芒点亮彼此吗？好吧，看来我还是要好好地继续修炼。

　　两周后，我再一次收到艾美妈妈的信息，虽然我点开信息的手指有点"颤抖"。

　　点开后确是欣喜。艾美妈妈告诉我，现在艾美已经几乎不再贪恋手机和游戏了，并且在小升初的模拟考试中，取得了全班第一名的好成绩！

　　艾美妈还提到："老师，我现在已经将心放开了，不再将所有的心思都放在琢磨孩子上了。我现在开始尝试偶尔逛逛街，为自己添置几件新衣服。还开始学化妆、健身。而且，现在的工作状态也好多了。再有，老师，您知道吗，我现在最大的突破，是舍得给自己花钱了！……"

　　嗯，还是曾经的"滔滔不绝"的风格．不过不同的是，她已不再是那个焦虑、无助的她了。

我回复她："恭喜你，很高兴看到你的变化。 的确，我们要先有能力爱自己，也才会有能力去爱他人。 加油!"

　　我们都知道父母担心孩子，其实孩子也同样地担心父母。对未成年的孩子，我们可以引导他/她这样说：

◊　　亲爱的爸爸妈妈，你们太苦了，我想帮助你们。

◊　　亲爱的爸爸妈妈，曾经你们为我付出了那么多，现在我也想通过为你们付出的方式，来表达我对你们的爱。

◊　　爸爸妈妈，出于对你们的爱，我很想帮助/拯救你们，无论为此付出什么样的代价，我都愿意。

◊　　亲爱的爸爸妈妈，我以为我能帮助到你们，事实上，这都是我的自以为是。

◊　　爸爸妈妈，你们是大的，我是小的。我不但没有帮助到你们，还因此小看了你们，没有尊重到你们。

◊　　爸爸妈妈，你们承担起了你们生命中的所有，你们根本就不需要我的帮助，更不需要我的同情，你们需要的是我的尊重。

◊　　亲爱的爸爸妈妈，我看到你们的爱了，谢谢你们。

现在，我全然地接受你们的爱。

身为父母，如果未成年时就经历了父亲早逝，可以对自己这样说：

◊ 爸爸，你怎么就死了？我不要你死，我要你活过来。

◊ 爸爸，我还没有长大，我还非常地需要你，你不能死。我觉得我离不开你，离开你我活不下来。

◊ 我很怀念我们曾经在一起的那些美好的日子，我不要和你分开，我要和你一直在一起，永远在一起。但是，我还有一些很重要的事情没有做完，我必须做完我该做的事情，再去陪伴你。我必须承认我已经长大了，事实上，你已经死了好多年了，我都还活着。

◊ 爸爸，你给我的一切，都还在我的生命里，包括爱。它们不因为你的死亡而从我的生命中消逝，它们都还在我的生命里。它们会一直陪伴着我，滋养着我，也支持着我，走完剩下的人生路。

厌　学

母亲的死亡动力影响孩子学习

　　孩子为什么会厌学？这是一个非常值得探索的话题。我希望下面的案例能够给所有的教育工作者和家长提供一个重要的参考。

　　我曾经深度接触过几十个厌学孩子的父母，这是其中非常典型的一个案例。我所得出的结论并不是我个人的一家之言，很多同行也得出了同样的结论。

　　这个结论颠覆了很多人的常识。因为大多数人都活在自己的意识层面中，而家庭的真相通常都是潜藏在潜意识层面的。

　　孩子离开学校回到家庭，其实是为了监视父母。孩子担心父母会离他们而去，这一点连他们自己也不知道，所以更无法提醒他们的父母。孩子无法安心地在学校里学习，于是只能默默地回到家中。

　　孩子为什么会担心父母离他们而去呢？通常是因为父母的父母去世了，父母有随父母而去的死亡动力，而孩子能够感知到父母的死亡动力，因此惶惶不安。

堕胎与
厌学

2014 年 10 月的某天上午，雨昕突然来访，恰好当时没有咨询，于是我就接待了她。

雨昕是一位高级知识分子，四十三岁，在某研究院工作。

她的女儿今年十六岁，初三辍学在家。从今年上半年开始，女儿和同学关系变得恶劣，并以此为借口不去学校。在家里，女儿表现叛逆，脾气暴躁，动不动就发脾气。这学期情绪好了，勉强回到了原来的学校，但仍然隔三差五地不去学校。

雨昕在此期间也开始接触心理咨询，并且也带女儿找了好几个心理咨询师，但都不理想。一次偶然的机会，雨昕听说了家庭系统排列，在网上查了很多相关资料，最终找到了我。

接下来的访谈，就非常直接，可以说得上是简单粗暴了。

○　我：你堕胎过几次？

●　她：我没有堕过胎，女儿是唯一的孩子。

○　我：那有没有自然流产的孩子？

●　她：也没有。结婚第三年，当时特别想要孩子，女儿就来了。

○　我：你和丈夫的情况如何？

●　她：我们是校友、同学，平常夫妻，有磕磕绊绊，但关系一直尚可。

○　我：你想过死吗？

●　她：想过。上半年有一天晚上，先生不在家，女儿闹情绪。我那天晚上就想和女儿一起了结生命，让先生解脱。

○　我：你父母都在世吗？

●　她：父亲还在，妈妈去世三年了。

○　我：请闭上眼睛，想象一个画面，画面中有你，妈妈，还有你女儿。

　　你可以先做几个深呼吸，吸气……呼气……

○　我：现在看到的画面是怎么样的？

●　她：女儿和她外婆在一起，我在她们对面。

○　我：此刻你有什么感觉？

●　她：想流泪。我很想念妈妈。

○　我：你可以说出来。

● 她：妈妈，我想你，也心疼你，你太苦了。

○ 我：你现在看着你的妈妈，你对妈妈说，你才是大人，我只是个孩子。在您的面前我永远都是一个孩子。

● 她：还是流泪，心中似乎很委屈。

○ 我：尽情地哭好了。

● 她：我想让她抱我。

○ 我：不，你可以走向母亲去抱她。

● 她：这一幕似乎发生过。在我小的时候，母亲要离家出走的时候。

○ 我：专注在此时此刻。

● 她：我和妈妈都哭，但不知道说什么。我的头后部很不舒服。

○ 我：感觉妈妈在摸你的头。

● 她：我觉得我要哭得背过气去了。

○ 我：你对妈妈说，妈妈，我很爱你，很想一直和你在一起。但我还有一些事情没有做完，我要做完我该做的事情。

● 她：我说了。我不流泪了。

○ 我：继续对妈妈说，我还会再活一段时间，然后我也会死去，我只是暂时离开你，总有一天我会再回到你身边的。

● 她：现在感觉很放松。

○ 我：看着你的女儿。

● 她：女儿的小脸红扑扑的，她在笑着看我。我想和女儿拥抱。

○ 我：可以的，并且你说，我会留下来，请你也跟我一起留下来。

● 她：感觉到了女儿的心跳。

○ 我：你抱着女儿，把你的爱传递出去，只在想象中进行就够了。

● 她：好的。

○ 我：现在感觉如何呢？

● 她：感觉轻松了不少。我居然没有掉一滴眼泪，要知道我的泪腺从小就发达。

○ 我：我想到这里就该结束了。祝福你！

● 她：谢谢您！

　　刚刚结束谈话，她的手机就振动了，一看竟然是女儿打电话过来。她给我打了个招呼，然后兴高采烈地起身接电话去了。

　　真的是很巧很巧，而这样的巧合在我的咨询生涯中也是经常会遇到。

　　三个月后，她给我反馈了：

　　近期我感觉舒畅多了，真的很奇特，女儿也越来越懂事。想起母亲心中是温暖的。谢谢您，真的，了了我心中一个结。我和母亲可以联结上，我觉得很幸福。

后记

　　人的一生就是由生到死的过程，每一天我向着死亡而去。听起来感觉有点恐怖，其实这是不争的事实。人就是活一天少一天。

　　向着死亡而去的那股力量，我们称之为死亡动力。每个人都有死亡动力，我们身体的各项机能在二十岁后就开始走向衰退，这就是死亡动力体现。

　　我们有死亡动力，更有生的动力。生与死，就是这两种动力相互作用的结果。

　　每一天，我们的死亡动力都会增强那么一点点。如果我们能觉察到，我们就可以让生的动力也增强，比如运动锻炼，或者有积极的心态。

　　一个人在什么时候死亡动力会增强一些呢？那就是在遭遇生活的打击的时候，这个时候这个人就会萎靡不振或者意志消沉。

　　一个人在什么时候死亡动力会增强很多呢？那就是在身边的亲人突然离世的时候，尤其是在父母突然死亡的情况下。

如果经历了母亲去世，内在有对母亲的思念和悲伤，可以读写下面的句子：

◊　妈妈，我很想念你！我非常非常地想念你！

◊　你死了，再也不可能活过来了，我很伤心，非常伤心。

◊　我不想和你分开，我还想和你一直在一起，永远在一起。你死了，我也想死，以此来表达我对你的爱。

◊　妈妈，总有一天我也会死去，那时我们还会在一起的。此刻，我们只是暂时分开。我一定要活好我自己，否则你所给予我的一切就被浪费了，我怎么能够如此？我会好好地活下去，让你所给予的一切，变得更有意义和更有价值。

◊　妈妈，在我的心里，永远都有你的位置；在我的家庭里，永远都有你的位置。

肥　胖
宁愿死去的是我，而不是你!

　　社会发展了，经济进步了，但是人们的压力却变大了，生活节奏也乱了，因此肥胖和减肥也成了很多人的话题。在通常认知中，我们总会以为胖就是吃得太多、运动太少导致的。当然，也有朋友会说："我是天选的肥胖体质，喝凉水都长肉。"不可否认，导致肥胖的直接原因无外乎摄入大于消耗以及一定的遗传因素等。但从心理学角度上讲，肥胖与各种心理障碍有着很高的相关性。无论吃与不吃、运动与否，甚至对自己的体重是否认为处在合理的范围内，都与我们的潜意识有着密切的关联。

　　另外，处于肥胖状态也会对自身心理产生深刻的影响。胖子们会普遍有较低的自尊，较高的焦虑和抑郁感。相对于人群中 7% ~ 10% 的中到重度抑郁情绪的比例，胖子的中到重度抑郁情绪发作的比例是 20% 以上，是普通人的 2 ~ 3 倍之高。我们常说的"心宽则体胖"在现实中并不存在，胖子们常常心情更差。

在家庭系统排列个案的诸多案例中，许多的体重较大的案主都呈现出，他们的食物摄入量是多于身体所需的。在深入探究原因之后，我们会发现他们的潜意识认知中认为"吃，就代表我活着"，吃才会有安全感。——这种发现，看起来匪夷所思，却是实际存在的现象。

食物的获取与摄入，属于人的生物性本能，也是构成自身最基本安全感的要素。当一个人感受到自身是不安全的，人的潜意识就会激发其去寻求安全感，比如驱使身体更多地进食，或者囤积食物。

当一个人的家庭系统中有人死亡或被排除时，尤其是存在兄弟姐妹的流产、堕胎或夭折时，往往会引发当事人产生认同与追随感。而此时，其潜意识也会被激发，为了自我保护而驱使身体更多地进食以提醒自己——"你还活着，还存在着"，以避免自己发生追随。

如伯特·海灵格所建议，当具有类似经历的肥胖症患者在感到饥饿的时候，就对自己说："我活着。"——如果他能意识到自己依然活着、可以活着，进食就可恢复正常。

01 层层包裹
的小冷

2021 年初秋的一个午后，此时北京的风物之美，令人惊艳。碧空无垠，朵朵白云缓缓飘过。和煦的阳光透过玻璃窗轻抚在脸上，是那么的温暖，饱含着满满的爱意和滋养。我慵懒地半卧在窗边的沙发上，享受着这午后阳光带来的惬意，同时也被窗台上花花草草勃发的生机所吸引，花瓣叶脉上的水珠折射出七彩光芒令人沉醉不已。

这午后片刻的迷醉，突然被我设定的闹铃惊醒了——还有十分钟，下午的来访者就要到了。收拾起慵懒，燃一炷香，煮一壶茶，查阅着来访者的资料，静待她的光临。

不一会儿，壶中沸水翻滚，沁人心脾的缕缕茶香迎面飘来。正品茶间，只听得门口传来了三下轻轻的敲门声。打开咨询室的门，伫立于门口的正是今天的案主——杜小冷，一位身高约一米六、胖嘟嘟的女孩。也许是为了掩饰身形，她今天穿了一件肥大的黑色长裙。一袭长发披散在肩，长长的刘海盖在她那副红框的眼镜上，似乎想借此将自己和外界隔绝一般。

虽然是初秋，但北京此时还是"秋老虎"发威，依然弥留着夏天的热意。相对于我穿的短袖薄衫，我很诧异小冷将自己"捂"得这么严实，不热吗？小冷似乎看出了我的诧异，她略略低头，含着胸，小声地说："老师，我已经习惯这样的装扮了。"看到如此的小冷，越发激起我对她生命故事的好奇心。

坐下来后，小冷说明了来意，是想解决肥胖的问题。小冷说："老师，我太想减肥了，可是我尝试了很多方法，什么减肥药、减肥餐、减肥营的，我都试过。效果是有的，但一旦停下来，就又反弹回来了。"小冷一边说着，一边用那双胖乎乎的小手，紧紧地抓着膝盖上的裙子。

小冷是一个北京孩子，独生子女，是一名公务员。在她的记忆里，她从六岁的时候开始，就像吹气球一样胖了起来。原本以为长大了就会慢慢瘦下来的，可谁知却是一发而不可收拾。现在都三十二岁了，但一米六的她，却有着一百四十八斤的体重。这让她既焦虑又自卑，甚至到现在都没有处过男朋友。

我仔细地观察着小冷的五官，其实她的五官小巧精致，只是被暄软的肉肉模糊了轮廓。再加上被她自己如此"包裹""隐藏"，很难被人注意。如果能把体重减下来，恢复"本来面目"，小冷应该会是非常引人瞩目的女孩子。

　　在询问了小冷父母与家庭的情况后，我决定还是先采用意象排列的方式，挖掘一下小冷潜意识中的状况，以便于接下来的工作安排。

在意象排列中，我让小冷先将几个角色排进来，分别是自己、肥胖以及父亲和母亲。

● 小冷：老师，我脑海里浮现出的是，我站在爸爸妈妈对面，肥胖症在我旁边抱着我。爸妈看向肥胖症的方向，不过好像他们并没有直视肥胖症，是透过肥胖症看向了远方，眼睛里含着伤心的泪水！我看着他们也好难过。

○ 我：小冷，跟着感觉，你想对其他三个角色中的哪一个来表达一下呢？

● 小冷：我想对爸妈说。爸爸妈妈，你们为什么伤心呢？你们为什么不看看我啊？你们看不到我，我好伤心啊！（伤心地哭着）

○ 我：很好，继续表达一下你的心里话。

● 小冷：爸妈，你们是不是又在想弟弟了？

○ 我：小冷，可以把夭折的弟弟排上来（小冷有一个比她小三岁的弟弟，出生后半年因病夭折）。

● 小冷：老师，非要把他放上来吗？我有点害怕，还有些生气和抗拒！

○ 我：是的，一定要放上来，排列中看得出来你的肥胖与这个可能有关，我们先排一排。

● 小冷：好吧！我看到爸妈把弟弟抱在怀里，肥胖症好像也在爸妈怀里。我站在距离他们一米左右的地方，伤心地看着他们，他们没有人看到我。我好孤独！

○ 我：是啊，允许自己的情绪释放和表达。继续。

● 小冷：爸爸妈妈，你们为什么眼里只有死去的弟弟啊！我好伤心、好难过啊！你们怎么就看不到我呢？我是你们的女儿啊！你们唯一的女儿！（此刻哭得泣不成声）

○ 我：很好，继续。

● 小冷：弟弟，我恨你，是你夺走了爸妈的爱！爸妈要是就我一个孩子，该多好啊！我恨你！我恨你！

○ 我：很好，再多说一点。

● 小冷：弟弟，自从你死了，爸妈特别伤心，总在我面前提起你，总提你有多好多好，就好像你是被我害死的一样！为什么？为什么？为什么？是你把我爸妈夺走啦！弟弟，我太恨你了！（随着撕心裂肺的哭叫声，小冷有些虚弱）

　　小冷那声尖叫，在秋日的暖阳中，瞬间让我感觉毛骨悚然，不禁打了一个寒战！

- ○ 我：很好，可以继续。
- ● 小冷：弟弟啊，不是姐姐无情，我又何尝不希望你活着呢？有个弟弟，我也不会那么孤单啊！弟弟，你死了，我也好伤心啊！其实，看着爸妈伤心的样子，我宁愿死的是我，而不是你！
- ○ 我：小冷，看着弟弟说，弟弟，我爱你！我有多恨你就有多爱你！
- ● 小冷（伤心地说着）：弟弟，我有多恨你，就有多爱你！弟弟，我爱你！如爸妈一般爱你，我是你的姐姐，怎能不爱你呢！
- ○ 我：是啊！继续说，弟弟，我爱你，同时我也尊重你的命运，我只是你的姐姐。我会在心里给你留一个位置。
- ● 小冷：弟弟，我是你的姐姐，我爱你！同时，我也尊重你的命运，你有你的命运，我有我的命运，感谢你为这个家的付出和牺牲，我会把你放在心里很重要的位置，我爱你！你不需要我为你做什么，只需要我过好自己的生活。弟弟，我爱你！
- ○ 我：很好，请描述一下脑海里的意象画面。
- ● 小冷：弟弟不见了，爸妈看着我，时而还会看着远方有点模糊的肥胖症，我看着爸妈。

○ 我：可以对爸妈说，我看到你们对弟弟的爱了，我也看到你们对我的爱啦！我也尊重你们失去弟弟的伤痛！

● 小冷：爸爸妈妈，我看到你们对弟弟的爱啦，我也看到你们失去弟弟的伤痛，我也一样很伤心，我也跟你们一样爱弟弟，弟弟是我们的家人！爸爸妈妈，我也尊重你们。我看到你们也很爱我，即便你们失去弟弟很伤痛，但仍然留下来陪我长大，这就证明足够爱我！爸爸妈妈，谢谢你们，我爱你们！

○ 我：可以走过去抱抱爸妈。

● 小冷：我们已经抱在一起了，眼里含着泪光！现在流的泪水更多的可能是惋惜的泪水和爱的泪水，感觉很温暖。

○ 我：很好，多感受一下。当你感受到足够了，描述一下脑海中的意象。

● 小冷：老师，似乎是一个阳光明媚的日子，我和爸妈对面站着，他们微笑地看着我，我也在看着他们！很幸福。

○ 我：很好，看着爸妈，给爸妈鞠躬，然后转身迈向自己的新生活。

● 小冷：爸妈，谢谢你们的爱。我爱你们！我现在要带着你们的爱，去过好我自己的生活了，变得越来越健康美丽。还会越来越瘦（说这句时满脸洋溢着幸福的笑容）！

○ 我：很好，可以慢慢地睁开双眼啦！

● 小冷（满眼都是幸福的笑意，轻揉了几下双眼，自信地伸伸胳膊，抖动了几下身体）：老师，我从没感觉这样轻盈过！

○ 我：是啊！很好，我们为自己而活，是多么轻松愉悦的事情啊！

● 小冷：老师，我这样就不会再胖了吗？如果以后我饥饿，特别想吃东西，或者不饿也想吃东西的时候，怎么办呢？

○ 我：这是个很好的问题，可能还会出现。如果出现，你可以尝试闭上眼睛对自己说："小冷，我是安全的，我还活着。"

● 小冷：好的，我回去试试！谢谢老师。

　　小冷带着轻松喜悦的心情离开了咨询室。看着她的背影的那一刻，瞬间感觉她似乎真的瘦了几斤，不知道是秋日的霞光带来的幻觉还是我的潜意识在作怪，真的感觉她好像瞬间瘦了许多，变得苗条了！

　　咨询结束后的大约一个月，我收到了小冷的一条微信：老师，我瘦了八斤。我现在生活特别规律，每天都会运动健身。当我想狂吃东西的时候，就用你的方法，与自己对话，特别好用。我成功战胜了自己七次了，饥饿或者心情不好时不吃东西！这真的太神奇啦！老师，谢谢您，我下周想预约您，帮我做一个未来婚姻议题的个案。

　　我回复："好的，期待再次遇见全新的你！"

诸如肥胖、贪食、焦虑、抑郁等行为或情绪，只是我们在解决心理问题时，在表面上看到的一个"果"，而在这个"果"之下，或许会有许许多多的"因"盘根错节着。心理咨询师不能妄图"快刀斩乱麻"，我对小冷所采用的意象排列，也只是挑出其中与"果"最直接、最显而易见的"因"，从而让小冷的内心在短时间内获得充足的动力，以更好地面对当下的生活和挑战。对于小冷而言，内心当中的结还有许多，需要我们共同努力，一层层地剥开，不断地让心打开，让爱流动起来。

有时候，心理咨询师为案主疗愈内心的时候，与中医调理病症很相似，从伊始的"望闻问切"，再到"阴阳平衡""五行调和"，最终使得人体系统内外和谐，使咨询案主能够对内心的创伤产生充分的"免疫力"——能够接纳与自我疗愈。

送走小冷，回望窗台上的那依然竞相生长的花花草草，依然在折射初秋暖阳的光，映得满眼璀璨晶莹。

如果曾经经历过兄弟姐妹的夭折，抑或是那时你还未出生，多少对活下来的孩子都会有影响，可以尝试对内在的自己说：

◊   亲爱的弟弟，你死了，再也活不过来了。我爱你，我非常爱你，我非常想念你。你死了，我很悲痛。

◊   亲爱的弟弟，我宁愿死的是我，而不是你。出于对你的爱，我很想就这样一直陪着你，以此表达我对你的爱。

◊   但是，我还有很多事情没有做完，我必须做完我该做的事情，再来永远陪着你。现在，我把你放在我的心里一个非常重要的位置，我会永远记得你，你永远属于我的家庭。

◊   我用尊重的方式来爱你，我尊重你的命运，你的死亡。同时，我也尊重我的命运，我会好好活着。总有一天，我也会和你一样死去，那时候我们就可以永远在一起了。

在心里对爸妈说：

◊   爸妈，我看到你们的伤痛，看到了你们对弟弟的爱。我很想替你们分担这份伤痛，我觉得我把你们的伤痛拿过来，你们就不会伤痛了。

◊   爸妈，我小看你们了。你们能够承载这份伤痛，事实上，你们也承载下来了这份伤痛。你们很爱弟弟，你们的确也很想去陪伴他，但事实上，你们没有。

◊   你们其实早就有了选择，那就是留在这个家里，陪伴着我们。爸妈，是我搞错了，谢谢你们留下来，我看到你们对我的爱了。

◊   爸妈，你们勇敢地活下来了，我也要选择勇敢地活下来，活出我自己。

抑郁症
一段刻骨铭心的伤痛

抑郁症是一种十分常见的疾病，极大地影响了患者的生活、学习和工作状态。

1917年，弗洛伊德出版了《悲伤与忧郁》，强调了认知和内在的精神因素在抑郁症发病中的作用。1957年，抗抑郁药问世，被称为精神能量物质，并使得药物治疗成为抑郁症治疗的主流。其后，人们又开始对药物治疗进行了反思，于是心理治疗被越来越多地应用于抑郁症的治疗中。

抑郁症的核心症状是：情绪低落、内在动力减退、兴趣丧失、精力缺乏。

抑郁就是不高兴、情绪低落，这是正常人都有过的体验。而抑郁症，是抑郁从量变到质变的一个过程。

抑郁症不是一种疾病，而是一类疾病的统称。通俗地说就是，抑郁症不是一个，而是一群。

所以，关于抑郁症的心理治疗方法也得因情况不同而定，不能简单地予以归纳。下面的案例属于抑郁症的一个特殊种类，其治疗方法仅限于该案例。

雅怡是在丈夫搀扶下走进我的咨询室的。

雅怡给我最深刻的记忆是，一撮刘海遮住了大半张脸，眼神空洞，毫无生气，宛如行尸走肉。因此即使过了十年之后，我依然记忆犹新。

雅怡的丈夫看上去有些手足无措，脸上挂着稚气。不善言辞的他，还是说着慕名而来的客套话。

他说，雅怡是从精神病院接出来的，诊断是重度抑郁症，现在还在住院中。之所以能出来，是因为孩子只有三个月大，需要雅怡喂奶。

雅怡从怀孕不久就开始出现抑郁情绪，主要表现就是闷闷不乐，不愿意说话。渐渐地越来越严重，不时还会哭泣，整天关在房里不出门。

雅怡和丈夫都很年轻，二十六七岁的样子。看得出来，他们结婚只有两三年的样子。

他们的婚事，最初雅怡的父母是反对的，而且是坚决反对的。但两人爱得难舍难分，坚决不愿意分开。后来，雅怡就来了一出生米做成熟饭，怀孕三个月了才告诉父母，想逼迫他们就范。但雅怡的父母毫不妥协，非要雅怡把孩子打掉。就这样雅怡和父母又对抗了一个多月，还是被父母以强硬的手段带到医院，把快五个月的孩子给引产了。

自从孩子被引产之后，雅怡就不吃不喝，还是和父母对抗。雅怡的父母最后只得妥协了，同意了他们的婚事。

雅怡的丈夫断断续续地把他们的故事讲完了，雅怡在一旁安静地听着，全程一言不发，也没有任何的反应，仿佛这一切都和她无关似的。

　　从雅怡丈夫那里了解了这些情况之后，我就让他出去了。咨询室里此时只剩下了我和雅怡，房间里安静得不同寻常，哪怕一根针掉到地上都能听见。

○　我：你好！我现在是你的心理治疗师，我相信你是知道的。既然你已经来到了这里，这说明你还是希望得到帮助的，只不过你还不确定我是否能够帮到你。

　　我希望你明白我能帮到你，很大程度取决于你的配合。无论我多么厉害，多么努力，如果没有你的配合，我也帮不到你。

　　如果你不愿意配合，我绝对不会勉强；如果你愿意配合我，请你点点头。

　　说完我就看向雅怡，接着我看到雅怡很是艰难地点了一下头。虽然点头的幅度不大，动作很僵硬，但态度却非常明确。

　　初步会谈取得了良好的效果。

○　我（继续说道）：你知道你不仅仅只是你自己，你还是一个母亲。无论你承不承认，这都是不可改变的事实。作为一个母亲，你有责任从当前的状态中走出来。我在这里邀请你拿出你作为母亲的勇气来面对一些事情。我相信你是愿意这么做的。

　　在这个孩子之前，你被你的父母逼迫打掉了一个孩子，是吗？

　　雅怡的身体突然微微一颤，很明显这件事情对她触动很大。

○　我：你可以闭上眼睛，在脑海里去想象着孩子此刻就躺在你的面前，你在心里对她说：孩子，我看到你了，我是你的妈妈。

　　雅怡挣扎着晃了晃头，好像要把某些东西摆脱掉。

○　我（继续引导着）：你说，孩子，妈妈很爱你。失去你，妈妈很伤心。

　　雅怡不再挣扎了，眼泪从两侧的面颊上滑了下来。

　○　我：你说，孩子，你是无辜的，是妈妈没有保护好你。

　　雅怡仍在默默流着眼泪，虽然继续一言不发，但内心的防线已经崩碎瓦解了。

　○　我：你说，孩子，妈妈不再逃避了。
　　孩子，你也不希望你的妈妈是一个逃避的妈妈，你肯定希望你的妈妈是一个敢于面对的妈妈。
　　孩子，我要给到你一个这样的妈妈。

03 母亲身份的力量

接着，我引导她去看向她的父母。

○ 我：你说，我恨你们！非常非常恨你们！你们逼着我堕掉了我的孩子，天底下怎么会有你们这样的父母？

我恨你们！这辈子都不想原谅你们。要不是你们逼着我，我怎么可能堕掉我的孩子。

我恨你们！你们要为这件事负全部的责任。

雅怡虽然没有说出来，但我看到她捏紧了拳头，并且双脚也在用力地蹬着，地板上还有着摩擦的迹象。

○ 我：你说，其实，当时我已经是一个成人了，并且还是一个妈妈。

○ 我（接着补充道）：不可否认，你当时的身份是一个妈妈，不是吗？

雅怡很动容地点了点头，同时也很坚定。

○　我：你说，无论是作为一个成人，还是作为一个妈妈，我都不能逃避自己的责任。我必须要说，没有我的同意，谁也不能把孩子从我的肚子里拿掉。从此刻起，孩子，我决定承担起把你堕掉的妈妈应该承担的责任。

雅怡不再低着头了，刘海也捋到耳后，再也遮不住她的脸了。

○　我：你可以对爸爸妈妈说，我同意你们当初所做的一切，我承担起我的责任。

雅怡的脸上顿时明亮了起来。

最后，我引导雅怡对孩子说了一段话。

亲爱的宝贝，你永远都是妈妈的孩子，妈妈的心里永远都有你的位置，这个家里也永远都有你的位置。

妈妈永远都记得你所付出的，没有你的付出和牺牲，也就没有我现在的这个家庭，更不会有你的妹妹。

妈妈会好好活着，照顾好这个家庭，让你的付出和牺牲不仅不会被浪费，而且会更有价值和意义。

后记

　　治疗结束后，雅怡走出了咨询室。 在外面等候的丈夫习惯性地上前要去搀扶她，雅怡轻柔而坚定地推开了丈夫的手。

　　此刻的雅怡，不再是一个病恹恹的受害者形象了，她变得有力量、有方向了。 因为她不再逃避，而是选择了面对。

　　逃避，让人失去力量；而面对，让人重获新生。

　　此后雅怡又来了两次。 第一次雅怡还是由丈夫陪着，那时她还没有出院。

　　而第二次就是雅怡一个人来的，她是来向我告别的。因为再过几天，她就要和丈夫一起南下深圳打工去了。

　　这次的雅怡面色红润，有着年轻妈妈的幸福和喜悦。

　　一晃十年，没有再见。 但那张鲜活的脸，还是令我记忆犹新。

引产相较堕胎而言，对女性来说，无论是身体上还是心理上的创伤都要更大一些。母亲的伤痛介于夭折和堕胎之间，罪恶感却要更重。

如果你也有引产的孩子，你可以试着在心里对他／她说：

◊ 我的宝贝，对不起，妈妈剥夺了你来到这个世界的机会。

◊ 我的宝贝，妈妈真的很愧疚。因为没有妈妈的同意，谁也不可能把你从我的肚子里拿掉。

◊ 我的宝贝，你永远都是妈妈的孩子，妈妈的心里永远都有你的位置，这个家里也永远都有你的位置。

◊ 我的宝贝，妈妈永远都记得你所付出的，没有你的付出和牺牲，也就没有我现在的这个家庭，更不会有你的妹妹／弟弟。

◊ 我的宝贝，妈妈会好好活着，照顾好这个家庭，让你的付出和牺牲不仅不会被浪费，而且会更有价值和意义。

背　痛

我带着爱让你走

　　生活中有太多的人，无论年龄大小或是阅历深浅，当面对来自家庭的痛苦时，宁愿选择假装那件事从来没有发生过，或是为情感找一个替代品，为自己营造一种幸福的假象。从表面上来看，似乎问题被"解决"了，但内心深处那痛苦的能量，却会时刻都在干扰着其生活。然后，其生命就被"卡"在这个地方，不能够转身面对自己的生活，生命力无法流动，变成一潭死水，从而呈现出种种困惑与痛苦。

　　就如"死亡"——这是一个会令人生畏的词语，尤其在直面家人的生离死别之后，人们经常会更加避之不及、讳莫如深，甚至试图用他们死后会与亡灵重逢来安慰自己。然而，逃避未必能让我们就此剥离，反而会让我们陷入更强烈的愧疚、恐惧、悲伤、痛苦，甚至产生追随的想法。

　　伯特·海灵格在谈论生命和死亡时，指出："每一个生命都要得到肯定和尊重。死亡是我们的朋友。死亡是我们生命中最大的支持力量。我们每天都向着死亡走去。"

逝去的人并未消失，只是化作生命的能量，融入了我们内心。我们需要正视死亡，无须恐惧，也勿要躲避，只有承认我们不知道以后会发生什么，才有可能与死亡真正告别。向死而生，爱才能继续流动，生命也才能在死亡的灰烬中绽放出新的花朵。

01 初遇
幸运观众

　　与蒙娜相遇很偶然。那还是在一次以"绘画分析"为主题的直播间里，蒙娜的昵称一直停留在直播间的观众列表里，也足足地听完了一个半小时的整场直播，虽然她一言未发。然而，在最后抽取免费绘画分析机会的时候，她就成了那个幸运的观众。

　　直播后，她通过客服添加了我的微信，并按照我的要求，将她的画发了过来。我看过画之后，关切地问了她一句："蒙娜，你是病了吗？"

　　蒙娜有些惊讶，说："老师，你怎么看出来的？"

○　我：从你的画中，我看到了一个瘫坐在椅子上、四肢无力的女人，同时内在有些枯竭……

●　蒙娜：老师，我最近身体不太好，精神状态也不好。

绘画分析完后的当天，蒙娜发来消息说："老师，我想跟您约一下个案。"

○　我：好的，按照程序，您先填写基本信息，说明您的议题，并且约好线上的咨询时间，记得咨询的时候开视频等事项。

●　蒙娜（迟疑地说）：老师，我们是一定要视频咨询吗？

○　我：视频、语音都可以，尊重你的选择。不过一般我咨询的个案，没有特殊情况都开视频，这样联结感更强一些。

●　蒙娜：好吧，老师，那您要注意点，别让我吓到您。

我稍微有点惊讶。

●　蒙娜：老师，我的脸上长了很多痘痘、红疹。

○　我：没事儿，这也说明你的内在积压了很多情绪，没有得到释放。

●　蒙娜：是啊，老师，我们个案时见。

蒙娜如约与我在线上"见面"了。

初次见面，蒙娜似乎有意远离摄像头，不让我见到她的脸。然而，我仍然从屏幕上看到了她所说的痘痘与红疮。虽然并没有她说得那么严重，但看得出来，她很在意，也很受困扰。

○　我（温和地）：蒙娜，你可以再靠近一些，我并不介意。另外，我们咨询师的工作可是靠着"望闻问切"开展的，你离得远了，可就不灵了。

小小地开了一个玩笑，便开始了我们今天的工作。

○　我：蒙娜，你希望今天的议题是什么呢？

●　蒙娜：老师，我经常会后背很痛，而且还经常打嗝，都折磨我快十年了！看医生也查不出什么问题，吃药、理疗、针灸……都没有办法治好。最近有些严重了，搞得我这一天天难受得要命，整天没精打采的，对工作和生活影响很大。

按照家排的视角，我为她做了一下说明：首先，我们的背部是支撑，是责任，而打嗝则是你的内在积压了很多情绪。嗯，十年了，这么久的病程，我们可能需要多次的调理。这样，今天我们做一下意象排列，我们先看看在你的潜意识中都发生了什么。——如果顺利，会在一定程度上缓解一下你的疼痛感。

蒙娜的好奇心似乎也被调动了起来。

○ 我（继续问）：如果按照一到十级，你现在的疼痛感是多少级？

● 蒙娜（毫不犹豫地）：十级！老师，绝对是十级！

○ 我：好，那我们接下来做一下意象排列。首先将你、背痛、母亲和父亲，放到脑海里，排列一下，并请将你看到的图像描述给我。

蒙娜闭上眼睛，缓慢地向我描绘着她"看到"的图像：我的爸爸站在我身后的不远处，妈妈站在我对面，病痛在妈妈身上压着，她手里没有拄拐杖，病歪歪、虚弱地站着，似乎就快要倒下了。

○　我：看着这样的画面，你想对谁表达一下呢？

●　蒙娜（哭泣着讲述）：我想去扶着我妈。妈妈晚年得了脑出血，瘫痪在床，最后在三年前走的时候，还备受癌症的折磨。妈妈太惨了，太苦了！（痛苦地哭诉着）

○　我：允许自己哭出来，可以对母亲说，妈妈，你死了我很伤心。

●　蒙娜：妈妈，你死了我很伤心，你死了再也活不过来了！

○　我：妈妈，我很想念你。妈妈，我爱你。

●　蒙娜：妈妈，我很想念你，我很心疼你！我很自责，没能在最后的时刻在你身边，我想替你分担，我不想让你受那么多的苦！

○　我：是啊，对妈妈表达，妈妈，我很爱你。过去的艰难，过去的病痛，你都是自己承担的，并且已经承担啦，我并没有分担一丝一毫，唯有对你抱有深深的敬意，才是对你的尊重。

●　蒙娜：妈，你的过去真的太艰难了，我虽然想替你分担，可我并没有做一丝一毫！（哭泣）

○　我：妈，出于对你的尊重，我把你的命运还给你。你的命运再艰难，过去的病痛，你也都一个人承担下来了，你都扛住啦！妈，是我小看你啦。

● 蒙娜：妈妈，对不起，是我小看了你。出于对你的尊重，我把你的艰难命运还给你，我就做回你的女儿。

○ 我：妈妈，你是大的，我是小的。曾经是我小看了你，我放下对你的自责，你给我的爱，不是要我自责的。

● 蒙娜：是啊，妈妈，你才是大的，我是小的。女儿错了，是我小看了你，我会带着你给我的爱过好我自己的生活。

○ 我：看着妈妈，给妈妈鞠躬，并且说：妈妈，我带着爱让你走。重复说。

● 蒙娜（给母亲鞠躬，嘴里说着）：妈妈，我带着爱让你走！我带着爱让你走！我带着爱让你走！

○ （过了一会儿）我：感觉交还得足够了，请起身，再看看画面。

● 蒙娜：老师，妈妈好像变成了一尊大佛！很大很大，我是那么渺小！

妈妈之所以伟大，不止于给了我们生命，她还承担了很多痛苦和艰难。此时再看看，妈妈和爸爸站在了一起，疼痛似乎也消失了！

○ 我：很好，可以慢慢地睁开眼睛了。

● 蒙娜：老师，谢谢您，我现在感觉轻松多了。活动活动后背感受了一下，感觉疼痛感减少了很多！

○ 我：嗯，所以，今后要多多练习向妈妈的鞠躬。那现在你的疼痛是几级？

● 蒙娜：应该是六级。

距上一次个案大约一个月后，蒙娜又找到我："这次
我想做一下，我和父亲关系的议题。"

○ 我：好，那想象一下，你自己和爸爸在脑海里的图像。

● 蒙娜：看着爸爸，很愤怒，一想到父亲的过往，我就特
别恨！我爸那个人，眼里就没有我们这个家！没有我们娘儿
几个！老师，你知道吗？打我记事儿起，我爸就天天往我奶
奶家跑，下了班也是先去那儿。更可气的是，隔三差五地，
我叔、我奶，就找我爸要钱，连我叔那孩子上学也和我爸要
钱！——凭啥啊！自己孩子自己养，我爸又不是他爸！

蒙娜的情绪激动了起来，也哽咽了起来。

○ 我：爸爸，我恨你，我对你很愤怒！

● 蒙娜：是啊，我就是恨他！很愤怒！老师　我们老家这

儿，是个小县城，并不大。小时候，我们和奶奶、叔叔他们在一起住，一个院子几间房，天天搅和在一起。我爸上了大学，进了工厂，后来单位分了房子，我们就搬了出来。

● 蒙娜（擦拭了一下眼角，继续回忆）：那时候，我可高兴了，终于不用一天到晚闹哄哄地了，我和我哥也终于有了属于自己的房间了。可是，谁知道，我爸这一天天的，简直就是"身在曹营心在汉"，天天还往他妈那儿跑，根本就不在乎我们。

蒙娜的眼泪又涌了出来，不停地抽泣。她现在这种情况，还需要释放更多的情绪。

○ 我：蒙娜，你身边有抱枕吗？拿起抱枕使劲抽打一下，释放一下你的情绪，把对爸爸的气愤说出来！

● 蒙娜（拿起抱枕狠狠地抽打着）：爸爸，我恨你！我恨你没照顾好我们。

蒙娜使劲地抽打着，大声喊着，情绪也尽情地释放着。许久，她终于停下来了。

○ 我：感觉如何？

● 蒙娜：轻松很多。之前感觉就像快窒息了一般，表达出来后，感觉整个人都轻快了许多。

见到蒙娜压抑的情绪被释放出来，我也趁机引导她开始接下来的工作。

○ 我：蒙娜，接下来我们继续开始意象排列。父亲、母亲、哥哥和你在意象中的画面，可以描述一下。

● 蒙娜：老师，我想把爸爸移出我的脑海，越远越好。他不是不要我们吗？只顾他们家人，我们也不要他！

○ 我：蒙娜，我听到了你对爸爸的称呼是"他们"。

● 蒙娜：是啊！就是他们，他们都是坏人！

○ 我：他是你的爸爸。

● 蒙娜：是啊！他是我爸啊。老师，我突然觉察，我对我们的领导也有同样的想法，他们离我越远越好，原来是爸爸的投射啊！

○ 我：很好的觉察，再看看爸爸，对爸爸表达一下。

● 蒙娜：似乎可以看见爸爸了，但是仍然不想对他说话。

○ 我：好吧，把你几个月大就夭折的二哥排上来。

● 蒙娜：我看到了妈妈失去二哥的痛苦。那时候我们刚搬进新家，可是没多久，我二哥就得病了。病来得很急，治疗也不及时，没几个月，我二哥就没了。

蒙娜的泪水又止不住地涌了出来，不停地啜泣着。

○ 我：蒙娜，你看着二哥说，二哥，你死了我很伤心。妈妈，我看到二哥死了，你是最伤心的人！二哥，我会把你放在我心里，你永远是我们家里的一个成员。二哥，我带着爱让你走！

● 蒙娜：二哥，我不想你死，我想你活过来！你要是活着该多好，还有人跟我一起分担！二哥，你死了，咱妈多伤心啊！二哥，你永远在我心里有个位置，我们是一家人！

二哥，我带着爱让你走，二哥，我爱你！

○ 我：看着妈妈表达一下。妈妈，二哥死了，你很伤心，妈，再大的伤痛你也扛过来了！你不需要女儿的心疼。

● 蒙娜：妈，二哥的死，我们都很伤心，我看到你是最伤心的人，可这都是你自己扛过来的！我心疼你就是对你不尊重，妈妈，我尊重你的命运。

○ 我：蒙娜，再看看画面，有什么样的变化。

● 蒙娜：二哥好像很轻松地走开了，妈好像也很释然。

○ 我：再看看爸爸，表达一下。

● 蒙娜：爸爸，我恨你，我对你很愤怒。是你没保护好我们，是你没保护好二哥！

○ 我：很好，继续表达对父亲的愤怒和恨。

● 蒙娜：爸爸，我就是恨你，对你很愤怒！你就知道听奶奶的话，她说什么你都听……我恨你！我恨你！我恨你！

○ 我：很好，继续多释放一会。

● 蒙娜：我恨你！（足足释放了10分钟后）我看到脑海中的父亲，低沉着的身体近乎蜷缩着。同时，爸爸好像对失去二哥也很伤心，很自责。

○ 我：是啊！没有哪个父母不爱自己的孩子的。

● 蒙娜：我以前从来没想过他也会在乎二哥。爸，失去二哥，原来你也很伤痛！

○ 我：对爸爸说，爸爸，我现在看见你了！爸爸，你是大的，我是小的，你是这个家的男主人，是你在外面赚钱养活我们这个家的。

● 蒙娜：是啊！确实这些年一直是爸爸在外赚钱，爸爸其实算是他们那个年代里少有的大学生了！其实，我爸是最宠我的，所以他总是由着我冲他发脾气。

○ 我：是啊，好像你从来没有提过这个信息。

● 蒙娜：老师，我才知道为什么我对爸爸没办法发出来这个愤怒了！我一面享受着父亲的宠爱，一面瞧不起爸爸，同时还站在妈妈和哥哥这队，指责批评爸爸，其实我内心对爸爸也有自责和愧疚感……

○ 我：是啊！很好的觉察，再看看画面。

● 蒙娜：我想抱抱爸爸，似乎都忘记了爸爸曾经是那么宠爱我的！

○ 我：看着爸爸，对爸爸说：爸爸，我是出于对妈妈的忠诚，不敢爱你！爸爸，是我错了！我把你和妈妈的关系还给你们，我只是想做回你们的女儿。

● 蒙娜：是啊，我其实挺爱我爸的，以前我是跟爸爸站在一起的，后来听妈妈说了那么多爸爸和奶奶家的事情，我才……

○ 我：过去蹲下来抱住爸爸的腿。

● 蒙娜（喃喃地）：抱住爸爸的腿，感受着爸爸的高大和力量……

○ 我：很好，当你感受到了足够的爱，就可以站起来给父亲鞠躬。

蒙娜慢慢地站了起来，面向她意象中父亲的方向，缓缓地鞠躬。

如此许久，她的后背似乎从僵硬逐渐地变得柔软、松弛。也许是窗外阳光的折射，隐约有着晶莹的闪光，在不停地从她眼中滑落。

○ 我：很好。感觉怎样？

● 蒙娜：很久没有感受过爸爸的爱了，其实我小时候，我爸很宠我，所以家里只有我才敢跟爸爸对抗，可我却忘了这些了。

○ 我：很好的觉察。今天我们就到这里。

　　我们作为儿女，如果背负了很多父辈的责任，抑或是背负了其他兄弟姐妹的命运时，长期在高压下生活，我们压抑的情绪难以释放，无力承担的责任，就会在我们的身体健康上显化，形成一些疾病。并且，我们如果在原生家庭上有太多的经历，对自己的新生家庭也会有影响。只有当我们真正的承认自己的渺小和自以为是，并且将本该属于父母或兄弟姐妹们之间的责任和命运还给他们，自己做回孩子，回到自己的位置上时，爱的能量才会随着一次次的鞠躬、交还，随着谦卑的心回归，才能在身体里流淌着，流遍全身，并且传承下去！

　　然而又有多少成人，在疗愈自我、成长自我的心路历程中，无法坚持到爱的发生就选择了放弃，只因蜕变的历程并不那么容易，甚至也会有反弹。然而，心理成长的历程即便反弹，你已不再是你了，因为你的觉察力和自我调整的能力，就是将你带向更远更美好未来的弹簧，遇见更美好的自己，让爱自然流动。

如果经历过哥哥去世，无法面对哥哥的死，可以在心里对话：

在心里对哥哥说：

◊ 亲爱的哥哥，你死了，再也活不过来了。

◊ 亲爱的哥哥，我爱你，我非常爱你，我非常想念你。你死了，我很悲痛／伤心。

◊ 亲爱的哥哥，我宁愿死的是我，而不是你。出于对你的爱，我很想就这样一直陪着你，以此表达我对你的爱。

◊ 亲爱的哥哥，但是，我还有很多事情没有做完，我必须做完我该做的事情，再来永远陪着你。

◊ 亲爱的哥哥，我用尊重的方式来爱你，我尊重你的命运，尊重你的死亡。同时，我也尊重我的命运，我会好好活着。

◊ 总有一天，我也会和你一样死去，那时候我们就可以永远在一起了。

◊　亲爱的哥哥，现在，我把你放在我的心里一个非常重要的位置，我会永远记得你，你永远属于我的家庭。

在心里对父母说：

◊　亲爱的爸爸／妈妈，哥哥死了，你永远地失去了他。

◊　亲爱的爸爸／妈妈，我看到你的伤痛，看到了你对哥哥的爱。我很想替你分担这份伤痛，我觉得我把你的伤痛拿过来，你就不会伤痛了。

◊　亲爱的爸爸／妈妈，我小看你了。你能够承载这份伤痛，事实上，你也承载下来了这份伤痛。你很爱哥哥，你的确也很想去陪伴他，但事实上，你没有。

◊　妈妈，你其实就早就有了选择，那就是留在这个家里，陪伴着我们。妈妈，是我搞错了，谢谢你留下来，我看到你对我们的爱了。

◊　亲爱的爸爸／妈妈，你勇敢地活下来，我也要选择勇敢地活下来。

哮　喘
父亲去世引发的顽疾

　　心理因素可以直接引发身体疾病，这在我国医学中早已成为定论，而在现代医学如此发达的今天，大多数人对此仍知之甚少。

　　中医很早就有"七情致病"的理论，即喜伤心、怒伤肝、忧思伤脾、悲伤肺、恐惊伤肾。

　　《红楼梦》中的林黛玉就是一个典型的例子。

　　林黛玉患有肺痨病，也就是今天所说的肺结核，她在病情严重的时候就有咯血的表现。林黛玉的母亲在她五六岁时就死了，父亲也没有活到她成年，所以，林黛玉的内心充满了悲伤，这也是造成她一副弱不禁风样子的根本原因。

　　悲伤肺，林黛玉的肺痨就是长期悲伤所致，加上贾府对她的无情与抛弃，悲上加悲，最后就死于肺痨所致的肺出血。

　　心理因素导致身体疾病往往是一个非常缓慢的过程，因此两者间的因果关系非常不容易被发现。

薛晴是河北石家庄某知名药企的行政总监，是当地名副其实的铁娘子。

薛晴今年五十三岁，2020 年初突然患上了过敏性哮喘症。只要一遇到刮风下雨或者气温变化，哮喘就会发作。按照薛晴的说法，哮喘对自己进行了残酷的折磨，从患病那天起就不得不随身常备"喷雾"。

2021 年，薛晴来北京参加一个重要的会议，在领导发言时居然咳嗽到了导致台上领导无法讲话的地步，场面一度十分尴尬。

薛晴已经问遍了石家庄和北京在这个领域的所有专家，得到的结论都是一样的，并且还十分确定地断言，就算去国外都是一样的。所以，薛晴已经做好了"哮喘"将困扰自己下半生的准备。

当薛晴无意中在网上听了我关于"疾病的心理动力"的讲座之后，还是决定，无论如何都要来北京找我试一试。

02 父亲去世的悲痛

薛晴的父亲是在 2018 年底去世的，去世时年近九旬。但薛晴仍非常悲痛，以致在父亲去世的几年内不能听闻这件事。无论何种情况下，只要有人提起父亲，薛晴的眼泪就会流个不停。

每年的父亲忌日前后，薛晴都会莫名其妙地感冒一次，咳嗽得厉害，而且用什么药都不管用。到后来，就变成了走路气喘，晚上躺下也不能平躺，一平躺就憋闷得慌。

在简单的交流之后，我请薛晴闭上眼睛，做了几个深呼吸。然后，引导她去想象一个有她和父亲的画面。

○ 我：你看到的画面是怎样的？
● 她：父亲离我很远，我看不清他的样子，也不敢看。
○ 我：你可以试着走近一点。

- 她：我害怕，我不敢靠近。
- 我：你对父亲说，爸爸，我不敢靠近你。
- 她：很难过，想哭，哭不出来。
- 我：你对父亲说，爸爸，其实我非常想念你。
- 她：我是哭着说的。
- 我：让自己哭出来，想哭就哭出来。
- 她：……（一直在哭）
- 我：想象父亲就躺在你面前。

薛晴闻言，瞬间就从座椅上滑下来，瘫坐在地上，放声大哭。

- 我：你对父亲说，爸爸，你死了，我很想念你。
- 她：爸爸，你走了，怎么就走了啊！（放声大哭）
- 我：你对父亲说，爸爸，我不接受你的死，我不想你死，我想你活过来。
- 她：爸爸，你还没有死，我要你活过来，我要你活过来。
- 我：想象自己用力地拉父亲，想要把他拉起来。
- 她：爸爸，你活过来啊，你快点活过来啊，你不能死，你死了我怎么办啊？（有点撒泼打滚的样子）

我在一旁等待，等待她发泄够了。

○　我：你觉得父亲能活过来吗？

●　她：不能。

○　我：既然不能，那你还不起来？

●　她：嗯。

○　我：你对父亲说，爸爸，你已经死了，不可能再活过来了。

●　她：现在感觉好多了，父亲是再也活不过来了……父亲是真的死了……

○　我：是的。

●　她：那父亲在那里孤单怎么办？

○　我：想象父亲躺在大地母亲的怀抱中，还有很多的祖先也在那里。

●　她：这样我就踏实了。

○　我：人早晚都是要死的，你早晚不是也要死的吗？

●　她：是的，我早晚也是要死的，等我死了就能见到父亲了。

○　我：你对父亲说，爸爸，我很爱你，很想一直陪着你，但我还有很多很重要的事情没有做完，我做完我该做的事情，我再来陪着你。

●　她：现在很平静了。

○　我：你继续对父亲说，爸爸，你给我的一切，包括爱，都还在我的生命里，这些不会消失，还会陪伴我走下去。

●　她：现在感觉有力量了。

　　再见到薛晴，已是一年之后，发现她整个人都精神焕发起来了。薛晴说自己已经好了80%，还有20%没有恢复。

　　后来，薛晴参加了我一次线下的活动，她有机会去代表其中一个案主的去世的亲人。

　　薛晴说，当时躺在地上，那种死去的感觉太好了……听到周围的哭声，以及别人对哭泣者的劝说，种种繁杂的事务都不关我的事，我这才真正体会到什么叫解脱，死了就解脱了，这一切都与我无关了。

　　然后，薛晴告诉我，她那觉得没处理掉的20%的症状，现在也好了。

● 薛晴：如果不是做了一回代表，体验到死去的感觉，我永远都不知道父亲是幸福的。白昼的光，如何能够了解夜晚黑暗的深度呢？

● 薛晴（很愉快地告诉我）：我在医院工作过，什么样的好医生请不到？什么样的管用的所谓的好药买不到？但最终的结果都无效。医生让我身边常备某种喷雾剂，一旦感觉胸闷就使用。

如果不是遇到了老师，遇到家庭系统排列，已经被诊断为患了支气管炎和哮喘的我，终生用药是显而易见的。

排列之后，情绪发泄出来，不知道什么时候，不喘了……

如果经历了父亲去世，且无法接受父亲的死亡，可以在心里对父亲说：

◊ 爸爸，你怎么就死了？我不要你死，我要你活过来。

◊ 爸爸，我还没有长大，我还非常需要你，你不能死。我觉得我离不开你，离开你我活不下来。

◊ 我很怀念我们曾经在一起的那些美好的日子，我不要和你分开，我要和你一直在一起，永远在一起。

◊ 但是，我还有一些很重要的事情没有做完，我必须做完我该做的事情，再去陪伴你。我必须承认我已经长大了，事实上，你死了已经有好多年，我都还活着。

◊ 爸爸，你给我的一切，都还在我的生命里，包括爱。它们不因为你的死亡，而从我的生命中消逝，它们都还在我的生命里。它们会一直陪伴着我，滋养着我，也支持着我，走完剩下的人生路。

第 三 章

以勇气生意志，战胜恐惧

恐惧是活下去所必须有的情绪反应。 恐惧也可以有效地避免人被愤怒冲昏了头脑。

大多数的恐惧都是虚幻的，也就是我们想象出来的。 我们被自己想象出来的景象吓到了，以致影响了生活。

我们所恐惧的其实都已经过去，但恐惧的存在提醒我们，过去并没有过去。

在我们的成长中，我们经历了无数的恐吓。 如果说我们都是被吓大的，也完全是没有问题的。 在小时候，我们被大人们的鬼故事吓过，也被父母说"不要你了"所吓过，当然还有更多。

当我们表达出"你吓死我了""我差点被你吓死了"的时候，我们就走出了恐惧。 所以，说出自己的恐惧是必要的。而在我们的童年，表现出害怕是会被人嘲笑的，是会被人看不起的。 因此，我们常常表现出不害怕的样子，尽管我们怕得要死。

恐惧必须被看到，被认可。 恐惧是活下去的保障。 直面恐惧，承认恐惧，才是真正的勇敢。

大胆地说出来，"我曾经很害怕""我害怕自己活不下来"，而现在我活下来了，我是白害怕了这么久。

社 恐

孩子是上天派来拯救父母的天使

　　社交恐惧症又称社交焦虑障碍（Social Anxiety Disorder，SAD）。临床数据显示，多在 17 ～ 30 岁期间发病，男女发病率几乎相同；常无明显诱因突然发病，中心症状围绕着害怕在小团体中被人审视，一旦发现别人注意自己就不自然，不敢抬头、不敢与人对视，甚至觉得无地自容，不敢在公共场合演讲，集会不敢坐在前面，故回避社交，在极端情形下可导致社会隔离。常见的恐惧对象是异性、严厉的上司和未婚夫（妻）的父母亲等，或是熟人。可伴有自我评价低和害怕批评，一般有脸红、手抖、恶心或尿急等症状，症状可发展到惊恐发作的程度。临床表现为：既可孤立限于如公共场合进食、公开讲话或遇到异性，也可泛化到涉及家庭以外的几乎所有情景。部分患者常可能伴有突出的广场恐惧与抑郁障碍；一部分患者可能通过物质滥用来缓解焦虑而最终导致物质依赖，特别是酒精依赖。

目前，随着新冠疫情持续的三年，"社恐"的人越来越多，患者年龄也在变小。

从家庭系统动力上讲，孩子从父母那里接受了很多，他们也想同样的为父母付出，以表达对父母的爱。当父母背负着沉重命运的时候，孩子出于对父母的爱，是想替父母去背负的。

做了心理咨询师后才发现，世上没有不拯救父母的孩子，无论是现在成人的你，还是你现在的孩子，我们都在自己的家庭中扮演着或多或少的拯救父母的角色。今天我们故事的主人公，是因社交恐惧而辍学的十六岁高一女生——菲儿。

一个夏日的傍晚，当我开始整理这一天的工作记录时，我的助理走了过来，将手机递过来，说："请您看看这条信息。这位妈妈好像很焦急的样子。"

我看了一眼信息，名字备注为"菲儿妈妈"。她在信息中介绍道："老师，我想给我的女儿咨询一下。她现在十六岁了，最近突然就说害怕跟同学和老师交往，不敢去上学了。现在眼看着要期末考试了，想让您给想想办法。"

我沉思了一下，就直接拨通了菲儿妈妈的电话。在简单的自我介绍后，她以一种十分焦急的语气，继续介绍着孩子的情况。

● 菲儿妈妈：老师，我女儿在两个月前，曾有过一段时间的休学，不过后来在我和她爸的开导和鼓动下，就又回学校了。可这次，无论我们两个怎么劝，都不好使。

菲儿妈妈此时的声音中似乎带着一点哽咽。

● 菲儿妈妈：前两天我跟她爸寻思，要不开车带她去学校门口转转，没准就能引起她的兴趣。可谁知，她一到校门口，就开始头晕、恶心、呕吐。

○ 我：那你们带菲儿去医院看过医生吗？

● 菲儿妈妈：不瞒您说，老师，本来我想带她去看看的，可又担心孩子接受不了。另外，我也担心这带孩子去精神科，让人知道了，会觉得我女儿是不是得了什么精神病。孩子这么小，还是个女孩子，影响不好。

听她如此说，我也不由得暗叹了一下。

○ 我：嗯，菲儿妈妈，您的这种心情，我理解。这样，您先和我说说孩子具体的情况，以及近几个月的经历，比如是否有明显的刺激或心理创伤。当然，如果您不介意的话，如果您家庭中也发生过一些重大事件，也请和我说一下。这样以便于我对菲儿的情况做一个全面的了解。

● 菲儿妈（回忆了一下）：近几个月也没什么大事啊，也就她上次休学的事，这反而对我和她爸的惊吓不小。老师，我这也是头一回接触这个"心理咨询"，也是我上大学的外甥告诉我，菲儿这种情况有点像是"社恐"，让我给她找位心理咨询师看看。这不，我看到朋友圈里正好有人分享您的文章，我就找来了。

● 菲儿妈（说到此时略带迟疑地问）：老师，我看网上有人说，心理咨询就只是聊聊天，都是骗钱的，没啥用的。——老师，您别误会，我不是怀疑您，而是担心浪费钱。

○ 我（笑着）：这个您可以放心，一会儿我让助理将我们的介绍和资质通过微信发给您。另外，心理咨询可不是聊天那么简单，我们会依据心理学理论，运用心理治疗方法，帮助我们的来访者找出引起心理问题的原因，分析症结，并最终摆脱困境和解决问题。

菲儿妈妈在电话的那端不住地"嗯嗯"着，以表示对我回答的肯定。

○ 我（继续讲解）：其实您可以这样理解，医院的精神科更多地关注于治疗患者的肌体，会通过药物等干预和治疗，就像传统看病的"外科"。而心理咨询师，则更像是"内科"，我们需要深入到患者的内心和头脑意识中，通过各种疗法，对患者的内心和思维进行调理。

○ 我（顿了一下，继续说道）：您家菲儿的情况，虽然通过您的介绍我有了一定的了解，但毕竟未见到当事人，我无法给出具体的判断。——毕竟，菲儿已经十六岁了，她有着自我的认知与思考，您的描述也只是处于您自身经验的判断，是不是？

● 菲儿妈妈：是的，老师，我明白。您看这样行吗，我和她爸商量一下，可以的话我再和您约咨询时间。

○ 我：可以，您确定后可以联系我的助理。另外，菲儿现在毕竟才十六岁，仍是未成年人。因此，如果对她进行心理咨询的话，还需要你们家长一同参与到咨询中。

就这样，我们结束了通话。

一般而言，对于这样的来电，我不会抱有太多的期待。因为很多时候，咨询师与案主的约访，都是建立在二者联结与信任的基础上的。不过，即使菲儿和她的妈妈不会最终成为我的案主，我也为能够向她解答什么是心理咨询而欣慰。

两天后，我的助理在午餐的时候告诉我，菲儿妈妈已经回复她了，说约在周六上午。不过，因为是在外省，只能通过视频的方式沟通。

周六上午，我通过在线视频的方式，见到了菲儿。

○　我：菲儿，你好。

视频那端的菲儿，似乎有些刻意躲避，镜头里只能看见她低着头的半张脸庞。

○　我：菲儿，可以调整一下镜头吗？我需要看到你全部的上半身。

●　菲儿（迟疑了一下，缓缓地说）：老师，我的摄像头好像不大好用。不过，我可以试试。

终于，在菲儿的一番调整后，我见到了她的"真容"。她一双大大的眼睛隐藏在那长长的刘海之后，皮肤白皙却略显苍白，薄薄的的嘴唇紧紧地抿在一起。

我尝试打破僵局，问了菲儿一些问题，不过，得到的只是我问一句，她答一句，额外的一点没有。好吧，看来我只有拿出应对患者的"看家本领"了。

○　我：菲儿，你喜欢画画吗？

似乎这回引起了她的兴趣，她抬起头看看我，又点点头。

○　我（看看有戏，继续就此问道）：这样吧，菲儿，你可不可以在一张白纸上，将你不想去学校的原因画出来？

菲儿再次点了点头，然后从旁边抽出一张白纸，开始画了起来。

她似乎很用力地握着画笔，眉毛也逐渐皱了起来，她的嘴唇抿得也更紧了，身体还会不时抖动一下。就像她要将内心的情绪全都宣泄到纸上一般。

○　我：菲儿，我注意到你有很强的情绪波动，可以告诉我，现在你想起了什么事吗？

菲儿并未回答我，依然在那里用画笔宣泄着。直到画完了，她才抬起头，并将画放到了镜头前。

○ 我：菲儿，我在你的画中看到了你的恐惧。可以和我说说，你在画画的时候都想起了什么？菲儿，想必在这段经历中，你的内心一定很痛苦吧？

此刻的菲儿，低着头，双臂紧抱，泪水扑簌簌地落个不停，身体也在不断地抖动着。

○ 我：菲儿，你愿意跟着我一起处理一下这个恐惧和痛苦的情绪吗？

● 菲儿：老师，没用的，我曾经自己尝试过用音乐转移注意力，会带来一些缓解，可是，现在每晚还是会做噩梦，经常从噩梦中惊醒……

○ 我：是啊，可以感受到你经历了很多，自己也想了一些方法。那么，我们来尝试一些新的方法，正向地去面对自己的恐惧情绪，你愿意吗？

● 菲儿：好的。

跟随我的引导，菲儿不停地用肢体语言表达自己的情绪。虽然并不太愿意说出来，但仍旧可以用肢体释放她的恐惧和愤怒，还有压抑。

就这样，第一次面谈接近尾声时，我对菲儿表示致谢和赞赏，感谢她的信任并赞赏她面对自我的勇气。

菲儿听了有些惊讶，同时嘴角轻微上扬了两下。

我说："好的，今天就到这里，我们下次见。"

菲儿微笑着点头，随即离开咨询室。

　　对于青少年心理个案，我们一般都从父母方面着手去探索问题的源头。于是，我就邀请了菲儿妈妈来做第二次个案的案主。

　　孩子的问题，一般都是在提示我们，做父母的是有功课要面对的。当父母愿意且准备好正向面对自身的功课时，孩子的疗愈就自然而然发生了。

　○　我：菲儿妈妈，我们今天用意象家庭系统排列，来探索一下菲儿的社交恐惧的根源吧。

　　菲儿妈妈有点好奇和不解，但仍旧表示愿意一起来努力帮助女儿。

　○　我：请您放轻松，此刻闭上眼睛，将自己、社恐、女儿排列在脑海中看看画面。

- ● 菲儿妈妈：我看到社恐在我和女儿之间，女儿看着社恐，我看着女儿的方向，但似乎被社恐挡住了！

- ○ 我：你看着社恐，想表达什么呢？

- ● 菲儿妈妈：我很疑惑，为什么会挡住我看女儿，还有点紧张和忧伤。

- ○ 我：女儿是顺产生的，还是剖宫产生的呢？

- ● 菲儿妈妈：生菲儿时，先是尝试顺产生，后来大出血进了ICU，为了保障孩子不缺氧，就剖了。那次大出血差点要了我的生命，我记得我在惊恐中失声痛哭。

- ○ 我：是啊，换了哪个母亲遇到这样的情况都会很恐惧的，允许自己表达一下情绪。

- ● 菲儿妈妈：我太害怕了，害怕自己会死了，害怕我的孩子会有生命危险！

- ○ 我：对那个十六年前经受创伤的自己说：我看到你了，那时你太恐惧了。我面对我的恐惧。

- ● 菲儿妈妈：是啊，我太恐惧了，差点死了，差点见不到我的孩子。生命就在一线之间，我还那么年轻，我不能死啊！我看到自己的创伤了，我看到自己的恐惧了！我愿意面对它！（哭诉般说完了这些）

- ○ 我：你可以继续说：我看到你了，你虽然经历了恐惧的时刻，但你仍旧活下来了。

- 菲儿妈妈：是啊，我还活着，我的女儿已经十六岁了，我还活着，我还活着……我白害怕了，我白害怕这么多年了！

○ 我：现在感觉怎么样？

- 菲儿妈妈：轻松了很多。我抱着女儿，很温暖，社恐不知道去哪里了。

○ 我：很好，对女儿说：女儿，妈妈看见你了，谢谢你用这样的方式来面对妈妈的创伤！

- 菲儿妈妈：是啊，现在很释然，好像心中的一块大石头放下了，其实我从不敢去触碰这个。

○ 我：重大的创伤后，是需要心理疏导的。

- 菲儿妈妈：是啊，掩藏起来也还是会痛的！现在好多了。

○ 我：很好，慢慢地睁开眼睛。

……

通过疗愈句子的表达，来面对最初的恐惧，用心去照顾那个未被妥善处理的情绪，用爱去抱持那个曾经受伤的内在自我。

当一个人经历了生死的重大创伤后，那未被处理的恐惧和伤痛可能会代际传递给她的孩子。如果你一直处在某种恐惧或无数个严重的失眠中挣扎着，你可能已经清楚地知道这种感觉就像是被囚禁在自我世界里一样——然而这一切却没有任何的审判，你的内心正处于最艰难的阶段，焦虑、无力、匮乏，仿佛被宣判了无期徒刑一般。恐惧与焦灼笼罩着你的世界，你还得装作若无其事的样子，然而你的孩子却将这一切尽收眼底，用一些问题呈现的方式来拯救你。

　　第二次面访后的第三天，菲儿妈妈告诉我，菲儿已经开始回到学校了，现在每次上半天课，不过已经很有进步了，全家都很开心。

第三次面访，我的案主是菲儿，从家排疗法的理念上讲，一般不建议给未成年人做意象排列，不过这一次鉴于菲儿自己尝试过冥想等方法，我还是大胆尝试了一下，蜕变和成长的奇迹却因此而发生了。（当然，我并不提倡其他同行效仿，要因人而异才好。）

○　我：菲儿，把自己、妈妈、恐惧放在脑海里，看看画面。

●　菲儿：我看到妈妈处于危险之中。她在一个深海的中央悬浮着，有一些无形的黑色爪子要去抓她，将她往深海中拉扯。我好害怕，在惊恐中撕心裂肺地喊着妈妈，妈妈，救救我的妈妈，不要伤害她！似乎那片阴森黑暗的海洋中毫无人烟，只有我和妈妈，我只能听到自己的呼喊声。（菲儿嘶吼着，早已泪流满面。）

○　我：妈妈，我想帮你，我却无能为力！

●　菲儿：妈妈，看到你处于危难中，我想帮你，把你救上来！可是我好无力啊，什么也做不了！

○ 我：妈妈，即便你处于危险之中，你仍旧靠自己活下来了！

● 菲儿：是啊，妈妈最后是靠自己战胜了那些黑爪。不是我，我没做什么！

○ 我：妈妈，你不需要我的帮扶，即便我很心疼你，我也要面对我的无能为力！

● 菲儿：妈妈，我承认我的渺小和无能为力，你不需要我的帮扶，是我搞错了。

○ 我：妈妈，再艰难，你也活着生下了我，并且我们现在都好好的。

● 菲儿：是啊，妈妈，我们都还活着，并且现在都很好！

○ 我：妈妈，我看见了我对你的愧疚感和自责。

● 菲儿：妈，你为了生下我，付出了很大的代价，还差点失去了生命。妈妈，我对你很愧疚！我只要一想起我曾经差点害你丢了性命，我就不能原谅自己，我就不能让自己开心和幸福。（不停地抽泣……）

○ 我：每一个母亲都心甘情愿地为自己的孩子付出，这也是母爱的伟大。

● 菲儿：妈妈，我看见了你的伟大，你的付出不需要我用愧疚来回报你。

○ 我：妈妈，你给了我生命和爱，是让我好好地活着。

● 菲儿：妈，谢谢你给了我生命和爱，我会带着你给我的生命和爱好好的活着，过好我自己的生活，不辜负你给我的生命。你不需要我的亏欠和补偿，我也没有资格这样做。

○ 我：妈妈，你是大的，我是小的。我尊重你的伤痛，尊重你的命运，你可以承受这一切。

● 菲儿：是啊，妈，你是大的，我是小的，我是你的女儿，我尊重你的命运，这一切都是你承受住的。妈，对不起，谢谢你，我爱你！

○ 我：很好！现在感受一下画面。

● 菲儿：老师，我现在很轻松，不害怕了！刚刚真的是吓到我了。我现在脑海里呈现的是，我们一家三口坐在一艘船上，爸爸在开着船，我和妈妈坐在船上有说有笑，一家人去度假的感觉，很温暖，很开心，很轻松。

○ 我：很好，恐惧还有吗？

● 菲儿：感受不到了。

○ 我：很好，我们可以结束了。

在心理治疗中，我们往往并未期待奇迹的发生，然而奇迹却会不期而遇。菲儿的奇迹就是在看见、面对、接纳、交还、归位中发生了。

面访结束前，我对菲儿的绘画做了评估，果然变化还是很大的。在道别前，她对我说："老师，这回你不必担心我了，我现在感觉不再害怕同学和老师了，明天我会尝试上全天的课程，如果身体没有不适感，我还会上晚自习，安心地好好学习。"

相信相信的力量，相信每一个案主都是自己问题的解决者，奇迹就会顺其自然地发生。

　　第三次面访结束后的第二周，菲儿妈妈给我的助理发来了信息，告知菲儿最近一直很好，恢复了正常的学习状态，身体也挺好的，让老师们放心，并表达了感谢。

　　心理咨询这份助人的工作，确实需要具备一种大爱的精神，我们虽不能保障将每一个案主都从"苦海"中拉出来，却也真的有很多很多人因此而改变了自己的生活，改变了自己的命运，甚至有些人也遇见了奇迹，心想定会事成。

生产时遇到大出血的人，可以闭上眼睛，看着生产时的那个自己，对她说：

◊ 亲爱的，我看到你了，也看到你对死亡的恐惧了。

◊ 亲爱的，当时，你是那么害怕，那么无助。我看到你了。你是一个了不起的母亲，为了产下孩子，你差点付出了自己的生命。

◊ 你和许许多多的母亲一样伟大，她们都在生孩子的过程中，跟死神打过交道。

◊ 亲爱的，虽然你很害怕，但我看到你是愿意的。就算你知道这一切即将发生，你还是会义无反顾。

◊ 亲爱的，幸运的是，你活下来了。

经历过大出血出生且想帮扶父母的孩子，我们可以引导孩子对自己说：

◊ 妈妈，你为了生下我，付出了很大的代价，还差点失去了生命。

◊ 妈妈，我对你很愧疚！我只要一想起我曾经差点害你丢了性命，我就不能原谅自己，我就不能让自己开心和幸福。

◊ 妈妈，我欠你的，我欠你的太多了，以致我不敢心安理得地享有我的生命。

◊ 妈妈，如果我继续这样，那就是完全没有看到你，也就浪费了你所付出的，也辜负了你的爱。

◊ 妈妈，我要看到你的伟大，看到你对我的爱，你其实并不希望我因此而有任何的负担。

◊ 妈妈，现在我完全地接受你这份沉甸甸的爱，你是一个非常了不起的妈妈。

婚　姻
如何才能走进下一段婚姻？

婚姻并不都是美好的，对有些人来说，婚姻甚至是痛苦的。

对民政局的工作人员来说，结婚和离婚或许只是两个窗口。结婚的喜悦通常是如此的短暂，而婚姻的伤痛却能持续一生。

好的婚姻，是两个人的相互扶持，是两颗心的共同成长；而糟糕的婚姻，是两个人的相互伤害，是爱情的墓场。

我们都知道，一方面，原生家庭对现在家庭有着至关重要的影响，这一点毋庸置疑。另一方面，前一段婚姻对后一段婚姻同样有着非常重要的影响。

很多人幻想着下一段婚姻会幸福，其实下一段婚姻意味着更大的考验，不仅有来自原生家庭的，还有来自上一段婚姻的。但不管怎么说，进入一段婚姻比经营一段婚姻要简单得多。

下面的案例是关于如何走进新婚姻的，而不是关于婚姻幸福的。

看见即是
疗愈

案主是女性，三十五岁，想走进新的婚姻。

她反复强调，第一段婚姻已经过去了，没有提及的必要。在她提供的信息里，没有前一段婚姻的任何信息。

我引导案主做了几个深呼吸，然后让她在脑海中去看她和婚姻这两个角色。

在案主的意象里，她对婚姻很有兴趣，很想靠近婚姻，但是婚姻一直在躲着她。

○ 我：我想加入前夫的角色。

● 她：我不想。

○ 我：为什么呢？

● 她：我不承认他是我的前夫，我和他都没有同房过。

○ 我：那你们结婚了，难道不是事实？

● 她：我是被父母所逼迫才结婚的，一个月之后我和他就办理了离婚手续。

○　我：那他也是前夫。

●　她：我不承认。

○　我：你也看到你的意象，婚姻一直在躲着你。我也想看看加入他，有什么解决方法，至少目前看不到解决方法。

●　她：非要加入他吗？

○　我：是的。只是加入看看，可以吗？

●　她：加入可以，但我不想称呼他为前夫。

○　我：好的。我姑且称他为那个男人吧。

●　她：行吧。

○　我：现在你意象中的画面是什么样的？

●　她：我现在看不到婚姻了，那个男人一直在我和婚姻中间挡着。

○　我：你对那个男人说，我看到你了。

●　她：我看到你了。我看到你了。我看到你了。

○　我：现在画面有什么变化吗？

●　她：那个男人没有之前那么坚定地挡着了，婚姻也不那么强烈地躲着我了。

○　我：看到了吧，你要承认他。婚姻不是儿戏，是法律认可的，哪怕就是结婚一天，他也是你的前夫。

●　她：我还是不想承认。

○　我：不管你的父母是否逼迫你，都必须经过你的同意才能领结婚证，也必须经过你的同意，你才能和他走完结婚的流程。你当时不是一个小孩，而是成年人，你必须为自己的决定负全部的责任。

● 她：好吧，我承认他是我的前夫。

○ 我：你对那个男人说，你是我的前夫，我现在承认你。

● 她：你是我的前夫，我现在承认你。

○ 我：继续说，我承认我们之前有一段短暂的婚姻，这是我生命的一部分。

● 她：说了。感觉到有一种说不出的轻松。

○ 我：你对前夫说，我会永远记得你，在我的心里永远都有你的位置。

● 她：我为什么要记得他？我不想记得他，我要把他忘得干干净净。

○ 我：这件事情已经发生了，就是你生命的一部分；和这件事情相关的人，也是你生命的一部分。随意吧，但你不可能忘记他。既然不可能忘记，那不如就记得他。

● 她：好吧！

○ 我：唯有记得，才会忘记。拿起才能放下，没有拿起过，何谈放得下？

● 她：我承认你是我生命的一部分，我会永远记得你。

○ 我：现在看到的画面如何呢？

● 她：他跑到婚姻的背后，推着婚姻走向我。我看着婚姻，很喜悦。

○ 我：看起来还不错，很有希望的样子。

● 她：是的，谢谢老师。

随着社会的发展和变化，离婚后再婚已是一个比较普遍的社会现象。

再婚的夫妻能否幸福，有一个非常重要的序位关系。

前任伴侣虽然从现有的生活中彻底离开了，但在家庭系统中不仅没有离开，还拥有着让我们意想不到的最优先的位置。

一个女人如果有两任丈夫，并且和现任丈夫有一个孩子。那么，他们之间的序位是这样的：第一位的是前任丈夫，第二位的是现任丈夫，第三位的是这个女人，第四位的是孩子。

前任之所以要放在第一位，是因为只有前任离开了，现任才有机会进来。如果前任一直霸占着位置不放，现任就没有机会进来。对现任而言，他必须感谢前任的离开；对女人来说，亦是如此，她也必须感谢前任的离开，她才有机会和现任在一起。

只有这样，才算为后一段婚姻关系的幸福提供了一个前提。

　　就算前任是一个人渣，亦是如此。重要的不是前任渣不渣的问题，而是前任让不让位置的问题。

　　如果确实是一个很渣的前任，该恨的那就恨，但该谢的还是要谢的，除非你不要后面的婚姻。

如果经历过离异，对前夫 / 前妻有怨恨的人，可以在心里对自己说：

◊　我们的婚姻结束了，你是我的前夫 / 前妻。

◊　你伤害了我，我恨你，恨死你了。

◊　我用让自己过得不好的方式，控诉你，惩罚你，让你的良心不得安宁。

◊　如果我还恨着你，那么我是无法开始新的生活的。

◊　我有多恨你，就有多爱你。我爱的其实不是你，而是我理想中的你。

◊　我承认你永远都是我的第一个男人 / 女人，我不可能把你忘记，也不可能把你从我的生命中抹去。

◊　我们曾经相爱，曾经我给你的，都是我带着爱给你的，你可以保留；你给我的，也是你带着爱给我的，我也会保留。对于分手，你承担你的责任，我承担我的责任，我们都要对婚姻的失败负全部的责任。

我现在已经有了新的婚姻，开始了新的生活。 在我的心里永远都有你的位置。

助力中考

考试焦虑的初三学生

事物之间的关联性有如多米诺骨牌，看上去简单，实则扑朔迷离。

如果说最后一张骨牌是"果"，那有人就会说前面的 N 个骨牌都是"因"。而改变前面的 N 个骨牌中的任何一个，都可以影响到最后的那张骨牌。所以，因果关系从来都是众说纷纭，公说公有理婆说婆有理。

其实前面的 N 个骨牌，都不是"因"；真正的"因"，是推倒第一张骨牌的那只手。

我们能够看见的往往都是表象，因此，我们需要一双慧眼，穿透事物的表面，抵达事物的本质。

孩子的问题从来不单纯是孩子的问题，所以，我们根本就不需要从孩子的生活轨迹中寻找答案。

在孩子的一切问题背后，隐藏着一只悄然推动的手，而那只手属于父母。

没主见 01 的瑀素

瑀素是一个焦虑的妈妈，没有什么主见。不过这也不完全算是坏事，有朋友介绍了我，她就毫不犹豫地来到了我的咨询室。

瑀素的儿子逢考就紧张，而不巧的是他今年上初三了。瑀素的口头禅就变成了"这可怎么办啊"。

瑀素小时候是在外婆家长大的，总是担心爸爸妈妈不要她了。对外在世界，她总是不自信的，平时都是生活在自己的小圈子里，没有太多的人际交往。

在家里，瑀素也是小心翼翼地伺候着丈夫和孩子，一副受气布袋的样子。

闭上眼睛，深呼吸……

然后，你想象一个画面，在这个画面中有你、父亲、母亲。

○ 我：此刻你看到的画面是怎么样的？

● 她：我看到，我还是五岁左右的样子，很想靠近父母，但又不敢靠近，十分焦虑不安，手足无措的样子。

○ 我：你对爸爸妈妈说，爸爸妈妈，我害怕你们，我不敢靠近你们。

● 她：说了会好一些。

○ 我：你能想起什么？

● 她：我五岁的时候，他们要把我送到外婆家，我不想去。

○ 我：后来你去外婆家了吗？

● 她：去了，在外婆家待了一年。

○ 我：你对他们说，我不想和你们分开，我不想去外婆家。你们是不是不要我了？

● 她：想哭，很伤心。

○ 我：你对他们说，我害怕你们不要我了。

● 她：是的，那时真的很害怕。

○ 我：你对他们大声说出来，曾经我真的很害怕，害怕你们不要我了。

● 她：感觉好多了。

○ 我：现在你对他们说，你们并没有不要我，那时我还太小，是我搞错了。

● 她：是的，爸爸妈妈并没有不要我。

○ 我：你对他们说，是我自己在吓自己，我白白害怕了这么多年。

- 她：感觉很轻松。
- 我：现在看着父母是什么感觉？
- 她：我感觉可以靠近他们了。
- 我：那你走近他们，让他们拥抱着你。
- 她：很舒服，很温暖。

力量的
回归

在第二次引导中，

闭上眼睛，深呼吸……

你想象一个画面，在这个画面中有你、父亲、母亲。

○ 我：此刻，你看到的画面是怎样的？

● 她：我在父母中间，依偎着他们，感觉很幸福。

○ 我：画面中的你多大？

● 她：大概五六岁的样子。

○ 我：现在的你多大？

● 她：我现在四十八岁了。

○ 我：这个画面的意思是，你不想离开父母，你内在有一部分没有长大。

● 她：我也看到了。怎么办呢？

○ 我：你对父母说，爸爸妈妈，我已经长大了。

● 她：有点难说出口，不想说。

○ 我：你对父母说，爸爸妈妈，我已经长大了，还建立了自己的家庭，我的儿子现在都已经十五岁了。

● 她：说出来了，感觉不好意思再待在父母中间了。

○ 我：现在的画面是怎样的？

● 她：我一点一点地离开父母，还不停地回头去看他们。

○ 我：很好，继续。

● 她：我离开他们大约五米的距离，面对面看着他们。

○ 我：现在感觉如何？

● 她：很不舍，就想这么看着他们。

○ 我：你对父母说，爸爸妈妈，我很爱你们，你们为我付出了很多很多，我也想做一些事情来报答你们。

● 她：是的，我很爱他们。

○ 我：你对父母说，爸爸妈妈，你们是大的，我是小的，你们的付出是不计回报的，我不能小看你们。

● 她：是的，他们的爱是无私的。

○ 我：你对父母说，爸爸妈妈，你们的付出都是你们爱的表达，我要过好我的生活，才对得起你们的付出，才能不让你们的付出白费。

● 她：是的，我要过好我自己的人生，才是父母希望看到的。

○ 我：现在可以转过身去吗？

● 她：可以。感觉父母在后面是一个很大的支持。

○ 我：试着再往前走。

● 她：感觉很有力量，能坚定地往前走。

三个月后，孩子参加了中考。

最后一门考完，孩子对妈妈说，妈妈，这次考试我一点都不紧张。

瑀素在心中洋洋自得地说着：那还不是因为我带你做了个案诊疗。

　　从小寄养在姥姥家长大的人，可以在心里对自己的母亲说：

◊　　妈妈，我还那么小，你就把我送到了姥姥家。

◊　　妈妈，我很害怕，我不想被送到姥姥家，我也想留在你们身边。

◊　　妈妈，我真的很害怕，你是不是不想要我了。

◊　　妈妈，曾经我真的以为你们不要我了，现在看来是我搞错了。你是为了让我得到更好的照顾才把我送到姥姥那里的。

◊　　妈妈，我以为你不爱我了，不要我了，是我搞错了。

◊　　妈妈，我爱你!

出　轨

谁的婚姻不是一地鸡毛？

　　婚姻是一座围城，城外的人想进去，城里的人想出来。似乎每一个经历了婚姻的人，都会对婚姻发出各种各样的感慨与叹息——有人满足，有人失望，有人迷惘，也有人孜孜以求。

　　在婚姻这一场修行中，我们经常会期望求得一张能够指引我们的地图，实现"执子之手，与子偕老"的夙愿。然而，现实中却没有任何一本教科书，或者一个智能导航，能够帮助我们顺畅地到达彼岸。

　　在 2007 年播出的电视连续剧《金婚》中，张国立与蒋雯丽饰演的这对携手迈入金婚的夫妻，也是经历了青年时爱情的海誓山盟、薄嗔微怒，品尝了中年时家庭的柴米油盐、一地鸡毛，更体会了老年时彼此的相扶相持、相互依赖。如果人生是一席盛宴，婚姻就是那口整治盛宴的锅，五味杂陈，尽在其中。

　　步入婚姻殿堂的双方从来都不会是"完美无缺"的组

合，更多的只是彼此因为"互补"而达成的约定——这种互补也许是因为彼此的欣赏，也许是因为爱的缺失，也许是因为世俗的诉求，也许是因为金钱的诱惑，……也许，仅仅是因为彼此都很孤单。

张爱玲在中篇小说《红玫瑰与白玫瑰》中写道："也许每一个男子全都有过这样的两个女人，至少两个。娶了红玫瑰，久而久之，红的变成了墙上的一抹蚊子血，白的还是床前明月光。娶了白玫瑰，白的便是衣服上的一粒饭粘子，红的却是心口上的一颗朱砂痣。"

每一个人对待婚姻都有千言万语的独白。我很想把婚姻比喻成一场马拉松长跑，而不是为爱情而冲刺的短跑。在婚姻这场马拉松长跑中，我们可能会在途中摔倒过，会有缺氧的时刻，会有想放弃的时刻，但仍旧为之坚守，这拼的不仅仅是耐力，还有更强的自我修复力，才能到达终点。需要双方找到阻碍彼此长跑的症结点，去疗愈它，这才会促使我们走得更远！

愤怒的
文希

今天我的案主——文希，她的议题就是婚姻。

文希，三十九岁，北京一家大型教育机构的高管，她的老公也是一家上市公司的高管，他们有着一双可爱儿女——事业生活双丰收，也许她就是很多女人眼中所艳羡的成功典范。然而，如此成就的文希，其童年经历却是不堪回首。

用文希自己的话形容，她在战战兢兢、如履薄冰中度过了童年。她的父母经常吵架，她的爸爸偶尔还会家暴妈妈。在每一次家里掀起狂风暴雨时，文希都会蜷缩在屋子的一个角落里，努力地用小被子裹住自己，颤抖着，偷望着，哭泣着，愤怒着。

文希是经朋友介绍而与我相识的。她初次来到咨询室时，她那事业型女性所持有的自信、干练，以及语言中流露出的率真，都让我耳目一新。从初访前的了解中，我曾以为她会提出与原生家庭或是事业有关的议题，然而当问及她本次面访的议题时，她提出的却是"婚姻"。

　　文希的老公出轨了。文希在述说自己的经历时，时而愤怒，时而不解。就在她说出"我老公出轨了"这句话时，她的眼里已是被泪水填满。

● 文希（眼望着窗外，恨恨地咬着牙说）：老师，我觉得男人就没有一个好东西！我今天就是想搞明白，为什么他会出轨！为什么！

○ 我：那我们先来通过意象排列，看看你意识中正在发生什么吧。

　　我看了看她那依然泪水不断的双目，将纸巾递了过去，让她稍微平复一下。

○ 我：首先，请闭上眼睛，做三个深呼吸。然后，想象这样一个画面，你自己、老公、出轨，看看有怎样的画面出现。

● 文希：我和老公面对面站着，出轨在我的头上，像是笼罩着一团浓黑的烟雾。我很恐惧，还有点生气，很想甩掉这团黑雾，不过我的目光却看着远方。老公是在看着我的！

○　我：看着老公对他说，我对你很生气！

●　文希：老公，我对你很生气！我觉得你背叛了我！为什么男人就没一个好东西！

○　我：可以重复几遍，再看看画面。

●　文希：我对你非常非常生气！……出轨站在靠近我的地方，老公很无辜地看着我，我还是很害怕、很伤心！

○　我：可以把你的父亲、母亲也排列进来。

●　文希：我站在爸妈对面，老公在我后方不远处，我看着爸妈，出轨在爸妈中间，爸妈正在争吵，我看到爸爸正在骂妈妈。我很害怕，很生气，还有些伤心。

○　我：跟着感觉，对场景中的任一角色表达一下。

●　文希：我想对妈妈说，妈妈，你太委屈了，你嫁给了一个只会打骂女人的男人，还不如离婚算了！我抱着妈妈哭，妈妈，我心疼你，我想保护你！

○　我：尝试对妈妈说，妈妈，我爱你！即便我很爱你，眼前这个男人也是你选择的，你不需要我的帮扶，你可以承受自己的选择！你和爸爸的婚姻模式，是你们婚姻的模式，不是我的。

●　文希：妈妈，眼前这个男人是你自己选择的，你不需要我的帮扶，你可以为自己的选择负责。妈妈，爸爸是你的选择！爸爸是你选的！离不离婚是你自己的选择，不需要我来替你选择，我也没有资格替你选择，更何况你们这么多年打打闹闹也过来了，也没有离婚。（文希一直伤心地哭诉着）

○　我：看着爸爸，对爸爸说，爸爸我很害怕你，你让我觉得很恐惧。

●　文希：爸爸，你让我很害怕，很恐惧，你为什么就不能像别人的爸爸一样和和气气，呵护自己的老婆孩子呢？爸爸，你为什么就不能好好地爱妈妈呢？你就不是一个好男人！我怎么有你这样一个爸爸呢？小时候，我真的害怕哪一天你把我们的家给吵没了，我想让妈妈跟你离婚，可我又害怕真的离了，我就没有家了！

○　我：爸爸，我恨你！

●　文希：是啊，爸爸，我恨你！我恨你！我恨你！我恨你让我生活在战战兢兢之中，我恨你不能给我一个温暖的家，我恨你没有让我感受到温暖的父爱！爸爸，我恨你对妈妈不好！我恨你……

○　我：爸爸，我有多恨你，就有多爱你！爸爸，我因恨和害怕不敢靠近你！

●　文希：爸爸，我有多恨你就有多爱你！是啊，我因为恨你和害怕不敢靠近你！爸爸，我爱你，我想要你的爱！

○　我：再来看看画面。

●　文希：我和老公站在一起，爸爸妈妈站在我们对面，出轨好像在爸妈后面很远很远的地方，看不太清楚了！

○ 我：看着爸妈，对爸妈说，爸妈你们的婚姻模式，那是你们的，即便是争吵那也是你们的婚姻模式，我尊重你们的婚姻模式，我做回女儿，你们不需要我的帮扶！

● 文希：爸爸妈妈，你们的婚姻关系模式，那是你们的，我可以与你们不同，你们更不需要我站在任何一方去帮扶你们，爸爸妈妈，我一样爱你们！

○ 我：给父母深深地鞠躬。

● 文希：随着深深的鞠躬，我看到爸妈相拥在一起，老公站在我的身边拉着我的手。我身体暖暖的，很轻松！

○ 我：看着老公对他说，老公，我现在真正地看见你了，老公，我爱你！

● 文希：老公，我现在真正地看见你了。你不是我的爸爸，我们可以有自己的婚姻模式！虽然这次你犯了错误，我很生气，其实我也有责任，我才发现自己从来没有真正地看见你，从来没有真正地信任过你！老公，对不起，我错了！老公，我爱你！

○ 我：很好，现在的感受呢？

● 文希：现在老公把我抱在怀里，很幸福很温暖！

○ 我（看着文希嘴角泛起的微笑，我开始引导她回归）：文希，很好，那么现在请慢慢睁开你的眼睛，回到我们的咨询室。

文希并没有马上睁开眼睛，似乎是仍在回味意象中的景象。

○ 我（再次呼唤）：文希，请慢慢地睁开眼睛，该回来了！

● 文希（终于睁开了眼睛，意犹未尽地望着我）：老师，我想我知道该怎么做了。

● 文希（低下头说）：虽然他出轨了，让我很难受。可是在刚才的意象中，我发现，在我的心中还是依然爱着他，我不想就这么放弃这段婚姻。何况……何况，我也不希望孩子们受到影响。

● 文希（似乎下定了决心）：老师，我选择原谅他，也再给我们的婚姻一次机会！

○ 我（看着她坚决地眼神，对她说）：婚姻只是你和你老公两个人之间的事情，对于孩子而言，无论你们在一起或是不在一起，他们需要的都是爱着他们的爸爸和妈妈。

○ 我（为她的水杯又添了一些水，接着说）：既然你心中依然留存着对你老公的爱，那么，一饮一啄，自有定数，不用疑虑。你只需要遵循你内心的感受，有着自己的选择就好。相信一切都是最好的安排。

　　文希捧着水杯，望着水杯中泛起的涟漪和雾气，慢慢地点了下头。

幸福的家庭都是相似的，不幸的家庭各有各的不幸。

罗曼·罗兰说过："世界上只有一种真正的英雄主义，那就是认清生活的本质后依然爱它。而真正的婚姻是，在看清了婚姻的本质与真相后，依旧深爱着对方。"

有许多人将婚姻的不幸归咎于原生家庭的不堪，然而，原生家庭只是生养我们的土壤，我们会长大，会经历更多不同的人与事、是与非，自己去判断，自己去选择。即使原生土壤让我们羸弱，但我们依然有着可以改变自我的机会与能力。

无论是琴瑟和鸣或是一地鸡毛，婚姻终究是一次与他人的约定，也是一场修行。我们的原生家庭我们无须去改变，我们有能力改变的是我们现在所处的"新家庭"，同时，也是我们孩子的"原生家庭"。

允许一切的发生，同时，改变自我、成长自我，也努力地让一切即将发生的更美好。

如果父母经常争吵，父亲有家暴的情形，可以读写下面的句子：

◊　爸爸，我恨你，我非常非常恨你。

◊　爸爸，你怎么能这么对待你的妻子和孩子？爸爸，我觉得你根本就不爱我们。

◊　你根本就不知道什么是爱，你自己也没有得到过，你也给不出来。我不要你这样的爸爸，我想要的爸爸不是你这样的。

◊　我渴望我的爸爸对我是有爱的，是温暖的，是和谐的……

◊　爸爸，我害怕你，非常非常害怕你。

◊　害怕你也像打妈妈一样打我，害怕你把我的家给吵没了！

◊　爸爸，我害怕你，不敢靠近你！我也不敢爱你！

◊　是啊……我也和其他的孩子一样，需要爸爸的爱。

爸爸，我需要你的爱，渴望你的爱。我面对我的渴望，现在走向你！

爸爸妈妈，作为你们的女儿，我尊重你们的婚姻模式，你们不需要我的帮扶，我把你们的婚姻关系还给你们，我回到作为你们女儿的位置！爸爸，妈妈，我同样爱你们。

恐　惧

国家队运动员的恐惧 / 父母离异

恐惧的反面是安全感。

当生存有保障时，我们所拥有的感觉就是安全感，反之则会缺乏安全感。而比缺乏安全感更深层的，则是恐惧。

童年的安全感来自和父母生活在一起的经历。大多数缺乏安全感的案例，都源自童年期和父母有过分离。

在很多影视作品中，我们都看到过这样的场景：孩子被父母送到乡下的姥姥姥爷家，然后父母趁着孩子睡着偷偷地走了，孩子在醒后哭着奔向村口，眼光看向路的尽头，却怎么也看不到父母的身影。

我们或许会觉得没有什么大不了的，但对孩子而言，可能会是一生的阴影。我不是在夸大其词，而是说不要小看，要重视。也许一次心理治疗，就可以免除一生的阴影。

心理治疗本身并不难，难的是对心理治疗的重视。

01 强壮的身，脆弱的心

　　今年二十七岁的宇峰是国家队的一名现役运动员，身体强壮如牛的他，近两年来却被莫名其妙的恐惧情绪给支配了。这种恐惧让宇峰非常痛苦，不仅在训练中不能保持良好的状态，就连竞技中的发挥都受到了影响。宇峰来找我的时候，正面临着要不要退役的选择，而此时他正处于他运动生涯中最黄金的年龄段。

　　宇峰在和朋友的某次聊天中，因朋友无意中提起曾遭遇车祸，此后就开始担心自己也会出车祸。他每次出门都非常小心，每次坐车时总是提心吊胆的。最初还能够说服自己，慢慢地每次出门都要经历无数次的内心挣扎。最近，甚至发展到了每天不知什么时候脑海中就不可控制地蹦出自己出车祸的画面，怎么也摆脱不了。尤其可怕的是，在训练中也会不可控制地想到这样的画面，这就让宇峰太崩溃了。

宇峰来自一个破碎的家庭，父母在他五岁时就离异了，然后把他丢给了爷爷奶奶。宇峰在爷爷奶奶家过着小心翼翼、察言观色的生活，把对爸爸妈妈的思念埋藏在心里。

虽然原生家庭有着很大的缺憾，但是宇峰凭借自身的运动天赋及良好的人缘，一路上都顺风顺水。但就在要达到人生巅峰的时候，这突如其来的恐惧让一切都岌岌可危起来。

于是，宇峰经人推荐，来到了我的心理咨询室。

02 与母亲分离的痛

闭上眼睛，深呼吸……

然后，你想象一个画面，在这个画面中有你、父亲、母亲，还有你的恐惧。

○ 我：此刻你看到的画面是怎样的？

● 他：我看到自己很小，恐惧追着我，把我吓坏了。我哭着找母亲，但是母亲不理我。

○ 我：你想对母亲说什么？

● 他：我想对母亲说，我很害怕。

○ 我：好的，你对妈妈说出来，妈妈，我很害怕，非常害怕，我想和你在一起。

● 他：说了，我觉得她听不到。

○ 我：没关系，你说出来就好，这很重要。

● 他：好的，老师。

○ 我：你还想对母亲说什么？

● 他：我想让她关心我，理解我。我和她说我的情况，她都感觉烦，总之无论说什么，她就是理解不到。我感觉她就是冷漠的人，不知道关心人。

○ 我：你对母亲说，妈妈，我渴望你的爱。

● 他：老师，说了也没用，不可能从她那里要到爱的。

○ 我：你只是表达自己的需求和感受就好，不要管她能不能给。

● 他：好的……妈妈，我渴望你的爱。（哭泣……）

○ 我：继续说，妈妈，我非常非常渴望你的爱。

● 他：妈妈……我非常……非常……渴望你的爱。（泣不成声）

○ 我：我那么渴望你的爱，那么需要你，你却对我置之不理。

● 他：是的，你就是对我爱搭不理，你就不配当一个妈妈。

○ 我：妈妈，我对你很生气，很愤怒。

● 他：妈妈，我恨你，非常非常恨你。

○ 我：你继续说，你都不配当一个妈妈。

● 他：你根本就不配当一个妈妈，你想想你是怎么对待我的。每次动不动就对我说爷爷奶奶的坏话，这么多年都是他们在照顾我，你怎么好意思说他们？

○ 我：好的，继续说，想说什么就都说出来。

● 他：我给你说我的情况，你理解过我没有？还说我没事找事。整天就说自己这不舒服那不舒服，叫你去学习你也不学习。我一说你，你就说我想怎么样。我想怎么样，我让你说几句暖心的话，你说了吗？一说你就烦，看你烦的那样。

○ 我：现在感觉怎样？

● 他：说了这些，感觉舒服多了。

○ 我：好，现在再去看你的画面，然后告诉我是什么样的。

● 他：现在我站在父母中间，"恐惧"在对面，大概四五米的距离。

○ 我：你的感觉呢？

● 他：我感觉现在很安全，不怕"恐惧"了。

○ 我：现在你紧紧拽着父母，体验和他们在一起的感觉。

● 他：老师，我有点不踏实，我想看到我的爷爷奶奶。

○ 我：好的，你对爷爷奶奶说，我非常爱你们，谢谢你们对我的照顾。

● 他：爷爷奶奶，谢谢你们。

○ 我：你对爷爷奶奶说，你们是替我的父母照顾我的，而不是要顶替他们的位置。如果我认为你们想要顶替他们的位置，那就太小看你们了。

● 他：嗯……

○ 我：爷爷奶奶，你们只是我的爷爷奶奶，他们才是我的爸爸妈妈。我知道你们也希望我能够和爸爸妈妈有良好的关系。

● 他：是的。

○ 我：现在，你可以想象你在父母的怀抱里，而爷爷奶奶在爸爸妈妈的身后。你在父母怀抱里慢慢长大，直到你现在的年龄。

● 他：好的。

　　……

○ 我：现在感觉如何？

● 他：感觉自己长大了，父母的怀抱有点小。

○ 我：你对爸爸妈妈说，我长大了，谢射你们。我曾经认为你们给的不够，但如果真的不够的话，我是无法长大的。是我以为你们给的不够，是我搞错了。

● 他：现在感觉很有力量。

○ 我：面对恐惧，你的感觉是什么？

● 他：我想去拥抱它，感谢它的陪伴。

○ 我：很好。

● 他：我拥抱了恐惧，然后它就走了。

○ 我：好的，我想我们可以结束了。

● 他：好的。

后记

　　恐惧为什么会出现？在心理咨询师看来，所谓的症状都是一种提醒，提醒当事人在他的人生中还有未解决的课题。

　　我们在成长的过程中都是跌跌撞撞的，因此，我们成长的根基并不扎实。如果我们希望未来能够承载的东西更多，那就需要重建我们的根基，尤其要弥补其中可能存在的巨大漏洞。因此，这些问题最好都要早一点暴露出来。

　　我们对症状的误解在于，我们常常把症状视为人生路上的阻碍。而事实是，症状出现了才会使我们觉知到自己的缺陷，从而弥补它，以避免更多的损失。

　　个案做完一个星期后，宇峰的上述症状就明显减轻了，此后没有再次发作过。大约一年半之后，宇峰又找过我一次，因为他感觉症状有复发的迹象。所以，我们又工作了一次，到现在已经过去三年了。

如果小时候经历了父母离异，在爷爷奶奶家长大并且怨恨妈妈的，可以在心里说：

◊ 妈妈，我不想待在爷爷奶奶家，我想和你在一起，我不要和你分开。

◊ 妈妈，你们是不是不爱我了，不想要我了啊！

◊ 妈妈，我还这么小，你们要是不爱我了，不要我了，那我怎么活啊？

◊ 妈妈，曾经我非常非常害怕，害怕活不下来。妈妈，我真的非常非常害怕，我想要和你在一起。

    ……

◊ 妈妈，我所害怕的根本就没有发生，你们并没有不要我。

◊ 妈妈，其实，那些担心和害怕其实都是多余的。那时我真的白白担心和害怕了。

◊ 妈妈，是我那时太小，不能正确地判断，是我自己在吓自己。

◊　妈妈，我爱你，是你陪伴我长大的，你从来都没有不要我。是我搞错了！

◊　妈妈，对不起，我爱你！

以佑痛生涅槃，收获喜悦

喜悦是人类最先被配置的情绪，也是最终极的情绪。然而，此喜悦却非彼喜悦。

少年时见山是山见水是水，中年时见山不是山见水不是水，而晚年时又复见山是山见水是水。

没有经历伤痛时的喜悦是婴儿的喜悦，经历过伤痛的喜悦是看尽千帆后的喜悦。因此，我要说"伤痛是人必须要有的经历"。

然而，我们都不喜欢伤痛，正如我们不喜欢失去。而事实是，人生就是一个不断经历失去的过程，尽管这个过程中也有收获，但是最终还是会失去。

人一出生，就失去了母亲子宫的安全和温暖；人一会吃饭，就失去了母亲的乳汁；人一会走路，就失去了父母的怀抱……

每一次失去，都是一次伤痛。人类的生活就是围绕着得失而展开的，在得失之间，我们开启了智慧。因此人类的智慧，就是如何面对得与失的智慧。

得之我幸，失之我命；得之何喜，失之何忧。

何谓涅槃？涅槃就是获得智慧之后的重生，我们的喜悦是重生的喜悦。

愤　怒

妈妈，为了你的抱抱我付出了离婚的代价！

　　婚姻是最高级的瑜伽，是夫妻双方对自我的挑战。

　　男人在寻找母亲。在与母亲分离后，他的灵魂一直在渴求和寻找母亲子宫般的爱，他在渴求对方能像母亲一样照顾自己、爱自己。女人无法改变男人，要接受他本来的样子，那么他自己就会改变，否则会一直抗拒。

　　我们每个人都渴望"执子之手与子偕老"的婚姻，然而在婚姻的历程中需要双方共同修行。但是我们知道，哪有一段婚姻是风平浪静的呢？有哪一对夫妻未曾在婚姻中有过"离婚的念头"呢？然而熬过去了，便是"终身相伴"；熬不过去的，一直处于索要和匮乏中的一方，终将以各种各样的方式选择放手。

　　从家庭系统排列中追溯其"因果"，往往可能找到你意想不到的"缘由"。

愤怒的
墨尘

墨尘是一位四十岁出头的男性案主。高高的个子，笔直的身躯，偏瘦的身材，面容白皙却显冷峻。初次面访时，身为公务员的他，穿着公务员们标准的三件套——白衬衫、黑裤子和一双黑皮鞋。不过，最让我印象深刻的，则是当我们交流时，他眼神中的闪烁不定。

在第一次咨询中，他的议题是"冲突议题"。这个议题处理得很顺畅，一气呵成！因此咨询完成后，便许久未再与他交流或沟通过。可是一年后，他的来电却再次响起。

墨尘在手机那头说："老师，很感谢您一年前为我做的咨询，那次的咨询让我的内心平静了许久。不过，不过，最近我又遇到了一个障碍——我最近经常愤怒，尤其是当我想到一个人的时候，就会怒不可遏。老师，您能帮我平息一下吗？"

如此，墨尘便再次走进了我的咨询室。不过，当他再次迈进房间时，他身上散发出来的感觉与能量，总让人感觉与第一次有了许多不同的变化。似乎，他很挣扎。

● 　墨尘：老师，半年前我离婚了。我以为离婚了，就解脱了，可是……

　　墨尘靠在沙发上，摘下眼镜，双手覆面揉搓了一下，长叹了口气。

● 　墨尘：可是最近，我总是会想起我前妻，而一想起她，我就会非常的愤怒！是的，非常的愤怒！

　　墨尘说完，便拿起茶杯，恨恨地喝了一大口。

○ 　我：能和我说说具体的情况吗？我记得，上次你来的时候，曾提到你们两个虽然有矛盾，但并未严重到这个地步啊。

● 　墨尘：哎，老师，其实……我们……说起来我们俩的事儿……太丢人了。

○ 　我：虽然事关你的隐私，但你的症结也许就在其中。另外，这种"说不出"，本身就存在卡点。说出来你不想说的话，本身就是一种自我的突破，对你的疗愈也会发挥一定作用的。

○ 我（冲他笑了笑，继续说）：在这个咨询室内只有你和我，而我是你的治疗师，你可不能讳疾忌医啊。

● 他（尴尬地挠了挠头）：好吧，老师，那我就和您说了吧。不怕您笑话，我们俩离婚前，经常是三天一小吵、五天一大闹。而且，她经常疯起来就直接上手，又是打又是挠。老师，你看看，你看看，我这胳膊上，还有以前她挠过的疤痕呢。

墨尘激动地挽起袖子，露出了小臂外侧的一道浅浅的伤痕。

● 墨尘（恨恨地说）：老师，你看看，那次就因为加班到半夜回家，她就直接和我吵起来了。我只是抱怨了一下她为啥不体谅一下我，她就直接上来给了我一下，直接抠掉一块肉，气得我直接去宾馆住了一宿！——老师，这种女人简直太无理取闹了，太……哎！

墨尘又扬起了手中的杯子，猛地灌了一口水。

● 墨尘：老师，这些年啊，我身上总是伤痕累累的。万幸，都只是"暗伤"，还都能被衣服挡着，否则，我连门都出不了。——太折磨人了！

● 墨尘（扭头望向了窗外，继续说道）：大半年前吧，我们大吵了一架后，我就搬了出来。老师，你知道吗？刚搬出来后的那段时间，我突然感觉世界一下子就安静了，不用再每天战战兢兢地回家，不用每天看着她的脸色过日子了。

"后来，离了，我以为彻底清静了，'墨尘又将视线转回到室内，"可谁知道，这几个月，就像我和您说的，经常我就会莫名的愤怒，并且愤怒的时候就会想起她，而一旦想起了她，我又会更加的愤怒！"

墨尘此时以一种祈求的目光望着我，似乎想得到答案，问道："老师，我很想知道我这是怎么了。婚也离了，家也散了，一切都干净了，为啥我还这么纠结！"

转而，墨尘又紧紧皱起眉毛，恨恨地说了一句："她还真是'阴魂不散'，离了都不放过我！"

我又给他的杯子里加满了水，平静地对他说道："墨尘，从你的话语中，我感受到了你的愤怒，以及你的伤心。"

墨尘听到此，赞同道："是的，老师，我很愤怒，我也很伤心，我这么多年对她百依百顺，我不要求别的，只要她能多体谅体谅我，多关心关心我，难道这有错吗？"说到这里，墨尘的情绪又有些激动。

我看着他，无奈地叹了口气，耐心开导他说："墨尘，这样，我们还是按老规矩来，先意象排列一下。我们先观想一下在你潜意识世界中，都发生什么了。"

墨尘也觉察到了自己的情绪有些激动，深吸了一口气，冲着我点头说："好的，老师，我们开始吧。"

很快，墨尘就进入了他的意象世界。

● 墨尘（闭着眼睛，眉头紧皱着）：在意象中，我面前是她的影子。她穿了一身白色的衣服，长发及地。我看不清她的脸。我现在看着她，就很愤怒，想给她一拳，踢她一脚。老师，我感觉我有些喘不上来气了，憋得很。

墨尘的呼吸开始有些急促，身子也有些轻微的颤抖。我轻声地引导他，让他跟随他的感觉，看着他前妻，向她说出他心中的愤怒。

● 墨尘（跟着引导，开始低声嘶吼）：我对你很愤怒。你太残忍了，你就是来伤害我的，你就是个害人精……我对你很愤怒……非常愤怒！

　　就这样，墨尘足足释放了二十多分钟。

○ 我：墨尘，当你感觉愤怒的情绪得到了足够的表达后，你尝试把母亲排列上来。

　　墨尘依旧闭着双眼，仰着头，沉默了几分钟。待到他的呼吸变得平稳后，他开始继续述说这意向世界中的图景。

● 墨尘：我妈离我很远，我抓不到她。（他搭在膝盖上的手，轻微地抽动了几下）
● 墨尘：我妈总是在照顾我妹。有时候，我很想让她好好抱抱我，可是都抱不到。
○ 我：那就回想一下，母亲曾经抱过你的时候。
● 墨尘（叹了口气）：啊，太久了，都有些记不清楚了。现在都四十的人了，也不好意思再去抱抱我妈。
● 墨尘（低着头，沉默了几分钟后，似乎想起了什么，但却略带苦笑地回忆道）：我看到了六岁时候的我，那时我的脚摔骨折了，她抱着我坐公交车去医院。那时候，我妈见我疼得嗷嗷哭，而且家里也就只有我妈她自己，她只能把我妹放到住旁边的亲戚家照看，就那么一直抱着我，去坐车，去看病，再一路回来……

墨尘闭着双目，似乎又陷入了那遥远的回忆中，他的眼角也有泪珠渗了出来。

○ 我：好好感受一下妈妈抱着你的感受，好好感知这个场景。还有，在这个情景中，你的感受是怎样的？

● 墨尘：我的脚很痛。但有妈妈抱着，我很安全，很踏实。这时候的妈妈，是只属于我一个人的……在车上妈妈抱着我，我似乎没那么疼了，不过很累。我睡着了。抱着我的妈妈，也很慈祥……

我静静地看着墨尘，这位已过不惑之年的男子，似乎一下子变回了那个渴望妈妈怀抱的六岁小男孩。也许，此刻让他安静地享受那意象中被尘封许久的温暖与爱，才是对他最好的引导吧。

就这样，在安静中过去了七八分钟，墨尘才缓缓地点点头，向我示意他可以继续了。

○　我：墨尘，你可以看着意象中的妈妈说：妈妈，我在用让自己受伤的方式让你看到我，让你抱抱我，我也在用受伤的方式向你索要爱，妈妈你是抱过我的，你是爱我的，我可以换个方式索要爱……

●　墨尘（听到这样疗愈的句子，眉头皱了几下，眼角又滑落了几颗泪珠）：妈妈，我看见你是爱我的，你也是抱过我的，你给我的爱足够了，我如果再想要拥抱，我可以直接告诉你，我也可以直接抱你。

○　我：是啊，你已经拥有了妈妈的爱，拥有了足够的爱。妈妈一定不希望你受伤，你受伤妈妈也会心疼、着急的。

●　墨尘：是啊，我离婚后，回到家，妈妈经常两头跑，给妹妹家照顾孩子，还要偶尔来给我做饭。她是爱我的，只是我想要的太多。妈妈，谢谢你，我看到了你给了我足够的爱。妈妈，我爱你。

当爱开始流动，疗愈自然而然地在发生！

当疗愈发生时，你周遭的人、事、物就已经开始改变了！

在墨尘的个案结束还没超过五分钟，我们正复盘的时候，墨尘的妈妈打来电话问："儿子，晚上吃什么？"

奥地利心理学家阿尔弗雷德·阿德勒曾说过，幸运的人一生都在被童年所治愈，不幸的人一辈子都在治愈童年！

当大家把自己的幸运与不幸都归结于原生家庭时，这已经处于"受害者情结"之中，其实原生家庭中父母都在全力以赴地给我们他们能给到的爱，并且当我们到了成年后，我们可以自给自足，给自己想要的爱！然而，童年未被满足的一些需求，如果不从潜意识中浮于水面，在有觉知中去满足自我时，就会影响我们的生活，可能影响着我们的婚姻，也可能在影响着我们教育下一代。

　　家中的长子 / 长女都有一个心中的隐痛，曾经他 / 她是家庭中唯一的孩子，集万千宠爱于一身，而当弟弟妹妹出生后，这一切都改变了。

　　每一个长子 / 长女都可以在心里对父母说：

◊　　爸爸妈妈，我对你们的爱是不变的，而你们对我的爱却改变了。

◊　　爸爸妈妈，你们给予我唯一的爱，最后又残忍地夺走了。我的需求常常被忽视，我希望你们看到我。可是你们就是看不到我。

◊　　爸爸妈妈，我对你们看不到我感到很生气，非常生气。我也渴望你们的爱，渴望你们像爱弟弟妹妹那样爱我。可是你们……我很生气，特别生气……

◊　　爸爸妈妈，我渴望你们的爱，渴望你们温暖的怀抱。

◊　　爸爸妈妈，我真正想表达的不是对你们的生气，而是爱你们。我非常非常爱你们。

想象爸爸妈妈像抱着弟弟妹妹那样抱着你，你曾经也拥有过那样的拥抱，只是你忘记了。去感受爸爸妈妈拥抱你的感觉，感受那份温暖，那份舒适，你都曾拥有过。让自己沉浸在这温暖安心的感觉里，让这感觉随着你的呼吸进入到胸腔里，融入你的血液里，让奔腾的血液把这感觉带到你全身每一个细胞里。

躁郁症

童年的秘密差点让我失去人生

社会的发展使得人们的生活与工作的节奏越来越快，我们的情绪也会变得越来越复杂与多变，有时高兴、有时低落，甚至大起大落。当然，大多数时候我们只是处在不喜不悲的状态，没有明显的积极或消极情绪。

然而，有一些人在很长一段时间内的情绪起伏都会特别大，以至于影响了正常的生活和工作及人际关系，这时，这个人就是有可能患上了"躁郁症"。

躁郁症，全称躁狂抑郁症，现代学者又称其为"双相情感障碍"。顾名思义，它包含了躁狂和抑郁两个状态，前者发作时主要表现为患者思维奔逸且发散、精力充沛（如可以无休息持续工作或玩乐很久却感觉不到疲惫）、精神亢奋，后者发作时会持续性低落、缺乏行动力，这两种状态有时会间隔交替性地单独出现，有时是同时发作的。

躁郁症的发病原因现仍未明确，根据大量研究资料提示，遗传因素、生物学因素和心理社会因素等都对其发生有明显影响，并且彼此之间相互作用，导致疾病的发生和发展。

同时，在躁郁症整个病程中，患者会产生各种心理问题，因此心理治疗也是贯穿全病程的重要措施。

沐岚就是这样一位身陷躁郁症的案主。在心理干预的过程中，通过意象排列，我们竟然发掘出一段源自童年的尘封往事，一件让案主深埋在心底的秘密，一块压在案主心弦上的巨石。

　　夏日的午后，火辣辣的阳光透过纱帘满满当当地铺在窗边的沙发上，而我只能躲在影子当中的椅子上，翻着书。

　　这时，一阵急促的电话铃声传来。我抓过电话一看，是沐岚的，她曾是我团体小组课的学生，并且常通过微信保持联络。

　　电话那边的她显得慌乱且沮丧。"老师，我病了，我刚被诊断为'躁郁症'，我刚刚又撞了车，"沐岚抽泣地说着，"刚从医院出来，就撞上了，可我老公还一直说我就是个精神病，他根本就不理解我！"

○　我：沐岚，你先别哭，慢慢说说你现在的情况。人没事儿吧？

●　沐岚：老师，我没事儿，只是车撞树上了！最近一段时间，我时而无法控制情绪，会动手打老公和孩子，时而感觉活着没什么意义！刚刚从医院检查出来，跟老公一生气，我一个人开车出来了，情绪不大稳定，刚刚开太快，撞树上了！

○ 我：人没事儿就好。你有检查报告吧？可以发过来，我看看医生怎么说的。

● 沐岚：医生开了一些药，让我吃，这个倒是没什么。最让我伤心的是老公和家人不理解，我妈也说，好好的日子不过，抑郁什么？

○ 我：沐岚，人的身体都会生病，精神也会生病。我们配合医生一起治疗，就会好起来的。

● 沐岚：老师，救救我。我现在情绪很不好，很崩溃！

● 沐岚（在电话那边不停抽泣）：老师，我就信任你，帮我做一下心理辅导吧！我心里憋得难受！

○ 我：没问题，你随时都可以过来。不过，在这之前，你先把你先生的电话给我，我需要跟他说明一下你的情况。

　　……

　　躁郁症的治疗是一个长期的过程。在为沐岚提供心理疏导的过程中，我们不断通过意象排列来观察她的心理状态，同时也在不断探索其内心症结所在。就在约定的第三次个案时，一幅排列意象如期而至，揭开了沐岚抑郁症候面纱的一角。

　　沐岚小时候是跟着奶奶长大的，她对奶奶的感情很深，也正因此，沐岚与她妈妈的联结和情感就很弱。

○　我：沐岚，看着意象中的奶奶，表达一下。

●　沐岚：奶奶，你死了，我好伤心，我也不想活了！

○　我：继续。

●　沐岚（伤心地哭着）：奶奶，我好想你，你死了，我好伤心，好伤心！

○　我：继续。

●　沐岚：奶奶，你死了，没人护着我了。我现在病了，他们都不理解我，没人爱我了。我活着还有什么意思啊！

○　我：看着奶奶对奶奶说，奶奶，我想和你一起死！

●　沐岚（愣了一下）：我不能死，我还有一双儿女呢。

○　我：是啊！奶奶给你的爱是要你好好活着。

●　沐岚：是啊，奶奶，你对我那么好，我需要好好活着啊！

○　我：看着奶奶，对她说，奶奶，你死了，你给我的爱还在。

●　沐岚：奶奶，你死了，你给我的爱还在。奶奶，我也爱你！

○　我：看着意象中的奶奶，做个告别。

●　沐岚：奶奶，我舍不得你，我想你。我决定把对你的爱放在心里，带着你给我的爱去过好我自己的生活！

○　我：对奶奶说，奶奶你给我再多的爱，你都只是我的奶奶。你也是因为更爱爸爸妈妈，才替他们照顾我的。

●　沐岚：奶奶，你确实是受他们的嘱托，照顾我，疼爱我的。可是，我妈要是像你一样对我该多好啊！

○　我：那是你跟妈妈的功课。先跟奶奶告别。

●　沐岚：奶奶，我会把你放在心里很重要的位置。你死了，我会带着你的爱过好我自己的生活，这才是对你给我爱的最好的回馈。谢谢你，奶奶。

○　我：鞠躬，转身离开……

　　沐岚随着深深鞠躬和那眼角掉落的泪珠，轻松了许多。

○ 我：再看向爸爸妈妈，表达一下。

● 沐岚：爸爸妈妈，是你们给了我生命，即便奶奶再爱我，也是受你们之托！爸爸妈妈，我是你们的女儿，我爱你们！

○ 我：再单独看着母亲，随心表达一下。

● 沐岚：妈，我对你还是有情绪的。我病了，告诉你这个消息，你还跟外人一样笑我是'神经病'，这让我太难过了！（哭泣）

○ 我：是啊。继续。

● 沐岚：妈，我就是希望你理解我，多关心关心我，我不求你对我像奶奶一样好！

○ 我：妈，是你给了我生命，这是世间最珍贵的爱。

● 沐岚：是啊，没有你给我的生命，怎么会有现在的我啊！妈，我接受你本来的样子，如果我觉得不够，我已经是成人了，我可以自给自足！

○ 我：是啊，很好，给父母鞠躬。

● 沐岚：爸妈，谢谢你们！

随着又一次的鞠躬，谦卑的心和爱油然而生，沐岚轻松地走出了咨询室。

心理咨询并不是特效药，它更像中医的治疗理念，是从内在意识层面上调理阴阳五行，然后再根据病症要求结合外部的医学治疗，从而使得整个身心系统达到和谐与平衡。

对于躁郁症患者来说，也是如此。如沐岚的这种情况，既需要遵照医嘱按时服药，同时也要坚持每周一次的咨询，在不断地探索与揭示心结的过程中，找到那把打开心锁的钥匙。

在与沐岚共同的探索下，这把"心钥"终于浮出了水面。

在一次咨询的意象排列中，沐岚慢慢地回忆着：

"大概我六七岁的时候，那一年夏天，有一天学校提前放学，我高高兴兴地背着书包往家跑。当我回到家，门没锁，院子里也没人，我想我妈是不是在屋子里？我就想给她一个惊喜，所以我就悄悄地放下书包往房子走去。"沐岚的眼神直直地望着窗外，仿佛又回到了那个夏天。

"我以为她会在正房，可是我探头进去，发现她不在。我就又找了两个房间，还是没有。我有些急了，我就又向厢房走去"，沐岚的眉头逐渐皱了起来，似乎内心很是挣扎，"当我走到厢房的门口时，我试着用手推了一下门，可门是紧紧地关着的，我又使劲推了一下，门还是一动不动。"沐岚的声音有些沙哑和急促。"就在这时，厢房里面突然传出了一阵慌乱的扑腾声，我急了，我喊着妈妈，却没人回答"，沐岚的眼圈里噙着泪水，"我喊着妈妈是你吗，你咋了，快开门啊，我使劲踹门，可是门却纹丝不动。"

沐岚此时的情绪有些激动，手中紧攥着纸巾恨恨地继续说着："就在我要拿砖头砸玻璃的时候，门开了，我妈出来了，头发有些凌乱，她看着我，眼神似乎有些慌乱。我冲过去抱着她，问她怎么了，她说，'没事没事，你今天咋回来这么早，你先出去玩会吧，一会我给你做饭'。就在这时，我从她的臂弯里，看到了，我爷爷也在屋子里……"

"那时候我还小，我不懂大人之间的事情，但是从那次之后，我看见爷爷，总是会很反感。虽然妈妈只是告诉我，她和爷爷在收拾粮仓。可是，我总会长大啊，我总感觉哪里不对。"此时沐岚的泪水已经成串地滑落，"后来，没几年，爷爷就不和我们住了。后来，这件事情，我也就渐渐地淡忘了。"

"老师，"沐岚又突然攥紧了拳头，咬牙切齿地低吼道，"他们太过分了！太过分了！"

○ 我：沐岚，看向场景中的爷爷，对他说，我对你很愤怒！我恨你！

● 沐岚：爷爷，我恨你。你是一个肮脏的人！以前我不懂，我现在觉得你是一个肮脏的人！恨你！恨你！

○ 我：继续。

● 沐岚：我想杀了他！爷爷，我想杀了你！我恨你！恨你！……

○ 我：很好，继续。

● 沐岚：爷爷，你个坏人，我恨不得杀了你！

○ 我：对爷爷说，爷爷，你再坏也是爸爸的父亲，是我爷爷！

● 沐岚：即便我不想承认，你终究是我的爷爷，我接纳你原本的样子，我的生命里也有你的基因（哭泣中有些悲壮）。

○　我：爷爷，那是你们大人之间的事情，你们是大的，我是小的！

●　沐岚：爷爷，这是你们大人之间的事情，我是小孩儿，我没资格参与。你们是大的，我是小的！是啊，我最小！

○　我：现在脑海里有怎样的画面？

●　沐岚：爷爷走了，不在脑海里了。

○　我：看向妈妈，对妈妈表达一下。

●　沐岚：妈妈，怎么会这样呢？你怎么不反抗呢？到底是我误会你了，还是真的有什么啊？这些年我从来没敢跟人说过，看见爸爸，我多少次有冲动想对他说些什么啊！妈妈，我也恨！我恨你！你怎么不保护好自己啊（哭泣中带有气愤）！后来这个事情，随着我长大也就慢慢淡忘了。但是今天我回忆起这个事情，却像一块大石头一样压得我喘不过气来！

○　我：对妈妈说，我对你很愤怒！

●　沐岚：是啊！妈妈，我对你很愤怒，我瞧不起你！我恨你是我妈！

○　我：继续，多说几遍。

●　沐岚（嘶吼着喊出）：妈，我恨你！恨你！你让我觉得羞耻！让我压抑！

○　我：很好，继续。

●　沐岚：妈妈，我再怎样恨，你都是生我养我的妈妈！

○　我：看着妈妈，对她说，妈妈，这是你们大人的事情，你们是大的，我是小的，我没有资格介入你们的事情！

● 沐岚：是啊！我只是个孩子，我又有什么能力和资格介入你们的事情呢！你们可以解决自己的事情！

○ 我：妈妈，我尊重你们的命运，无论你遭受了什么，你都可以承担！

● 沐岚：妈妈，你是大的，我是小的，我尊重你的命运，无论你遭受什么，你都可以承担，你也承担下来了！你不需要我替你打抱不平，我做回你的女儿！

○ 我：给妈妈鞠躬。

● 沐岚：妈妈，我有多怨你，就有多爱你。鞠躬！

○ 我：现在感觉怎么样？

● 沐岚：老师，好多了，心中的石头清理掉了，心空空的，很轻松！我想起妈妈最近也是很关心我生病的事情，总是给我打电话。其实，可能也是我看错了、误会了，不过那都不重要了，那都是他们大人的事情，与我无关！老师，谢谢！这个秘密，像座大山一样，压了我三十多年了，我不知道何时早已忘记。如果不是这次疗愈，我完全不记得了！

○ 我：很好！相信一切都是最好的安排。

就在这次个案的两周后，沐岚高兴地告诉我，她已经停药了，现在整个人感觉很轻松，也不会轻易向爱人和孩子发脾气了。

"老师，我觉得我们的咨询疗程是不是可以结束了？"沐岚问道。

"是啊，我们想到一起了！"我愉悦地回答。

此时，初秋的阳光穿过玻璃，暖暖地洒在窗前的小花上，而窗外树桠上的喜鹊窝里也探出了两只乱晃的小脑袋，喳喳叫着，等待着父母为它们带回食物与爱。

　　我们的成长如同经历了时间冲刷的灌木丛，而童年扎根在灌木丛的最底端，一刻不曾离去。童年的经历可能会随着时间的流逝而慢慢淡化，但却会隐藏在潜意识当中，渗透到性格中，内化成身上最重要的一部分。就像有些人天生就比较自卑，有些人天生比较敏感那样——这些性格的出现都是童年的延伸。

　　就如文欢曾在《历史不忍细看》这篇文章中评价张爱玲："张爱玲对这个世界充满了恐惧和怀疑，在心里筑起一道坚硬的屏障，把她与世界隔开。在这种阴沉冷酷的环境里长大，青春期遭受过如此残酷的折磨，心理上不发生一些畸变，几乎是不可能的。那么，且不说，张爱玲笔下《金锁记》里的曹七巧，有一种官方考证说是张爱玲的庶母，她的许多小说人物的冷酷、乖戾都是抽丝剥茧般地出现的。"

　　海明威曾说过，"作家成长的条件是不幸的童年"，而张爱玲性格中的冷淡，无疑也是与童年的遭遇密不可分。

虽然沐岚的躁郁症是有着多方面的形成原因，但那个在童年被她深埋在心底的"秘密"，又怎会不是那根压垮她心弦的"稻草"呢？

成年人的世界，没有"容易"二字。当我们透过这一件件个案，发现压垮我们的却往往是那些让我们无法言表的、无法向人倾诉的"秘密"。这些秘密更多的都是指向了我们的童年，我们的原生家庭，我们与父母之间的关系。

压抑着，躲避着，就会又在无形中，不断扭曲着我们对生活与人生的认知，蚕食着我们的生命能量。所以，当你遇到不可与身边人倾吐的秘密时，可以尝试找些不相干的人说一说，或者写一封长长的书信诉说自己的心声后再予以粉碎，这也是一种疗愈的方式。总之，你内在的容器是有限的，需要定期清理，这样，我们才能装进更多的幸福和喜悦！

世界很单纯，人生也一样。不是世界复杂，而是你把世界变复杂了。

世界上没有什么是放不下的，痛了，自然就放下了。学会去接受，去改变，去放下。

不管发生什么事，都请安静且愉快地接受人生，勇敢地，大胆地，而且永远地微笑着。

撞破了父母的秘密，孩子的忠诚该何去何从？孩子可以在心里对父母说：

◊ 爸爸，我爱你，也爱妈妈；妈妈，我爱你，也爱爸爸。

◊ 爸爸妈妈，我对你们怀有同样的爱，我不可能只站在一方，而不站在另一方。

◊ 爸爸妈妈，你是大的，我是小的，你们之间的事情都是你们大人之间的事情，我只是你们的孩子。

◊ 爸爸妈妈，虽然我很爱你们，但不能站在你们任何一方，同情你们任何一方。

◊ 爸爸妈妈，我站在你们任何一方，同情你们任何一方，就是对你们的小看，就是不尊重你们。

◊ 爸爸妈妈，出于对你们的尊重，我把你们之间的事情都交还给你们。

◊ 爸爸妈妈，这不是我该知道的事情，知道了就该忘记，你们才是大人，你们能够处理好你们的事情，承担你们行为的责任。

爸爸妈妈，是我太自大了，现在我做回你们的孩子。我对你们的爱永远都不会改变。

事　业

孩子三十岁了，还没有成家立业？

成家立业是一个人的第二次出生。

第一次出生是胎儿从母体离开，呱呱坠地。而第二次出生是离开原生家庭，拥有自己的家庭和事业。

第一次出生既是一个生理的过程，也是一个心理的过程；而第二次出生看上去是社会化的过程，其实更是一个心理的过程。

每一次成功的出生都不是单向的努力，而是一个共同努力的结果。

当孩子已经到了成家立业的年龄，却还没有成家立业，这时候就要考虑两方面的因素。其一，已然成年的孩子在心理上有没有离开原生家庭的动力；其二，父母在心理上有没有抓住孩子不放手的动力。

大多数人都把焦点放在第一个因素上，而作为一个心理治疗师，我觉得第二个因素其实更重要。

　　来访者是一对夫妻。两人都是高级知识分子，都在北京某知名大学工作。丈夫是在教学一线的正教授，妻子是做行政工作的干部。

　　两人忧心忡忡的是同一个问题，就是唯一的儿子已经三十岁了，却整天宅在家里，让两人很是头疼。

　　在父亲看来，儿子很优秀，在国外攻读博士学位，因疫情原因居家写论文，都大半年了还没有写出来。带教导师很是负责，经常督促，搞得家长很是着急，但孩子似乎并不着急。

　　在母亲看来，儿子在生活上邋邋随意，虽然已经谈了女朋友，却不见儿子怎么联系。作为母亲，看在眼里，急在心上。

　　我给出的方案是，为了让孩子尽快成家立业，一家三口都要做个案，而且是各做各的个案，彼此都无须把自己的个案拿出来和其他人交流分享。

这样就能最大限度地保证一家三口朝着同一方向努力。这样做的另一个好处是，避免了家庭成员之间相互推卸责任，维护了家庭的稳定和谐。

当然这种做法，只有为数不多的家庭能够执行，大多数的情况都是只有一个家庭成员来做个案。相比较而言，前者能够更快地见到成效。

母亲薛芹芹如约而至。

闭上眼睛，做几个深呼吸，吸气……呼气……在脑海中想象一幅画面，画面中有四个角色：一个是自己，一个是丈夫，一个是儿子，一个是儿子的"成家立业"。

○ 我：你看到的画面是怎样的？

● 她：儿子在我右手边，丈夫在对面，大约有三米的距离，儿子的成家立业在儿子右侧不远，但儿子的注意力在我和他父亲身上。我有些担心，希望儿子能够看向他的成家立业。

○ 我：你和丈夫关系怎样？

● 她：我和孩子爸爸的工作都很忙，他在学校有宿舍，平常也就周末回一下家。

○ 我：从画面上看，儿子更像是你的依靠。

● 她：是的。在家里，大大小小的事务都是我操办的。他爸爸是一个书呆子，全身心都在工作上，也只对他的专业上心。

○ 我：听起来你对他还是有怨言的。

● 她：在这个家里，我付出很多，孩子的教育和陪伴几乎都是我在管。他对这个家几乎不管不问，对他自己的原生家庭倒是有求必应，甚至不求也要凑上前去。

○ 我：具体说一说。

● 她：他是家里的长子，下面弟弟妹妹一大堆。从我嫁给他开始，他弟弟妹妹的事情从来没有断过，本以为熬到他们婚嫁，他就能专心在这个家上，没想到还是没完没了。只要他们家有事，他就可以抛下我们娘儿俩。

○ 我：你对他这一点有很大的愤怒。

● 她：是的。我付出了这么多，公公婆婆都只说自己儿子有多好，从来看不到背后有我的付出。而且从来没有感觉到尊重，好像我嫁给他们儿子，是我多大的福分，我应该对他们感恩戴德似的。

○ 我：你说出来，我对你很愤怒。

● 她：我就是对他很愤怒，对他们家很愤怒。

○ 我：你对他说，你们太欺负人了，太过分了。

● 她：是的，太欺负人了，非常非常过分。

○ 我：你可以拿一个抱枕或者枕头，边砸边说这些。

● 她：我对你很愤怒，对你们全家都很愤怒，你们太过分了。

○ 我：很好，继续……

● 她：我特别愤怒，愤怒还不能说，也没地儿说去，这么多年憋死我了。我对你们感到特别特别的愤怒……特别的愤怒……

我在一旁安静地等她，等她充分地释放完情绪。

○　我：现在感觉怎么样？

●　她：现在感觉好多了，从来没有这么痛快过。

○　我：你现在再去看你脑海中的画面，然后告诉我，你看到的画面是怎样的。

●　她：儿子离他的成家立业近了，现在他看着我。

○　我：你对儿子说，我对你爸爸的愤怒，是我们大人之间的事情，和你无关。

　　她：儿子有点不相信，还是看着我们。

○　我：你对儿子说，我看到你对妈妈的爱，你对妈妈的担心，你要相信妈妈。

　　她：儿子有些犹豫，还是有些放心不下。

○　我：你对他说，我嫁给爸爸，是我自愿的，我不后悔，我承担其结果。我是你的妈妈，请给我多一些时间，我能够处理好我的情绪。

●　她：现在他和成家立业站在了一起，不再那么关注我们了。

○　我：那你感觉怎样？

●　她：挺好的，我会做好自己的。

03 儿子
紧随其后

　　儿子卓小凡是一个典型的北方汉子，身材高大魁梧，脸形板正，看上去特别成熟稳重，和母亲的描述有点对不上。

　　在小凡的讲述中，我了解到父母从小就对他要求特别严格，一直活在优秀的父母的阴影之中，有点喘不上气的感觉，特别压抑。

　　闭上眼睛，做几个深呼吸，吸气……呼气……在脑海中想象一幅画面，画面中有四个角色，一个是你自己，一个是父亲，一个是母亲，一个是你的"成家立业"。

○　我：你看到的画面是怎样的？

●　他：父亲和母亲都在看着我，我很紧张，我对成家立业没有什么信心，同时，我也感觉自己很孤单。

○ 我：你愿意看着父母吗？

● 他：不愿意，看着他们我觉得很有压力。

○ 我：你想对他们说什么？

● 他：不知道该说什么。

○ 我：你试着说，你们让我很有压力，我害怕自己表现不好。

● 他：是的，老师，这就是我想说的。

○ 我：你接着说，我觉得我只有表现好，你们才会看到我，才会爱我。

● 他：老师，我感觉很委屈。

○ 我：是的，你说出来，爸爸妈妈，我很委屈。

● 他：说了，很委屈，他们关心我的成绩和学业，超过了关心我。

○ 我：嗯，你对他们说，我对你们很生气。

● 他：是的，我对你们很生气。你们对我太严厉了，搞得从小我就要循规蹈矩，一点儿出格的事情都不敢做，也很胆小。

○ 我：你继续对他们说，我对你们很生气，很愤怒，你们干吗对我那么凶？

● 他：是的，我对你们很愤怒，还不敢说。我太压抑了。

○ 我：继续喊出来，我对你们非常生气，非常愤怒。

● 他：我对你们非常生气，非常愤怒……

○ 我：现在感觉怎样？

● 他：感觉心中轻松了很多，以前从来不敢说这些的。

○ 我：你对他们说，我很害怕你们因此会不喜欢我。

● 他：是的。我很怕他们不喜欢我。

○ 我：你说，其实我就算不优秀，你们也不会把我怎么样。

● 他：是的，真的是这样，老师。

○ 我：你继续说，就算我不优秀，你们依然还会爱我的。

● 他：这个感觉不错。

○ 我：好的，去感受自己可以不优秀而父母依然爱你的感觉。

● 他：这个感觉很踏实。

○ 我：你现在试着靠近爸爸妈妈，走进他们的怀抱里。

● 他：好的。他们的怀抱很温暖。

○ 我：你可以好好地去感受他们的爱和温暖。他们的爱一直都在，只是我们用愤怒隔绝了那份爱。

● 他：现在感受到了。我爱他们，他们也爱我。

○ 我：好，那这次咨询我们就做到这里？

● 他：好的，谢谢老师！

父亲卓大伟是一个很典型的学者，鼻梁上架着一副金丝边的高度近视眼镜，配着黑白相间的短发，显得格外儒雅。

闭上眼睛，做几个深呼吸，吸气……呼气……在脑海中想象一幅画面，画面中有四个角色，一个是你，一个是妻子，一个是儿子，一个是儿子的"成家立业"。

○ 我：你看到的画面是怎样的？

● 他：我看到的是，妻子远远地在一旁，成家立业盯着我，躲着儿子，儿子也看着我，我有点不知所措。

○ 我：你愿意看着妻子吗？

● 他：不知道为什么，她躲着我。

○ 我：你试着看着妻子，然后告诉我，你的感受。

● 他：感觉她在排斥我，好像不需要我。

○ 我：你想对她说什么？

● 他：你为什么离得那么远？

○ 我：不是这样的，还是你跟着我说吧。你对她说，我看到你了。

● 他：她不想听，很烦。

○ 我：你认真地对她说，你为这个家付出了很多，我却没有看到，很抱歉。

● 他：她很感动。

○ 我：你继续说，我让自己回到这个家庭中来，这个家庭才真正地需要我。

● 他：她很激动。

○ 我：你对她说，你不是不需要我，而是非常需要我。

● 他：她点头，也愿意靠近我一些了。

○ 我：你现在有什么感受，或者有什么想说的？

● 他：我一直认为我的原生家庭更需要我，他们不能没有我。他们没有我就过不好，我也会良心不安。而她可以没有我，因为我觉得她比他们更有能力；没有我在，她也能搞定一切。

○ 我：你在原生家庭已经做得足够多了，不是吗？

● 他：是的。

○ 我：那你现在愿意更专注于现在的家庭吗？

● 他：愿意。

○ 我：你对孩子说，我离开我的原生家庭，你也可以离开你的原生家庭。

● 他：孩子好像没有什么感觉。

○ 我：你对孩子说，这个家庭我来负责，不需要你，你去做你该做的。

● 他：孩子似乎听懂了。

○ 我：你继续对孩子说，这个家庭由我来负责，我让自己真正回到这个家庭中来。

● 他：孩子看了看成家立业。

○ 我：你可以想象自己和妻子站在一起，看着孩子的成家立业。

● 他：好的。

○ 我：现在你看到的画面是怎样的？

● 他：我和妻子站在一起，孩子和他的成家立业在一起。这个画面很和谐。

○ 我：的确很好，那我们今天的工作就到这里吧。

● 他：好的，谢谢你！

后记

　　在后来的三个月里，我们又做了几次咨询。咨询期间，孩子很意外地找到了一份工作，然后就忙碌了起来，并且工作很快就有了起色。

　　在忙碌中，小凡越来越自信，工作中虽然遇到很多困难，但小凡越挫越勇，事业进展极为出人意料。

父母之间总免不了有着各种各样的摩擦，在父母来说可能是小事，但对孩子而言那就是大事了。作为父母，要避免当着孩子抱怨对方；作为孩子，则要学会把父母的纠纷放下。

父母可以在心里对孩子说：

🍃　我是大人，你只是孩子。你没有资格管我的事情。

🍃　我看到你对我的爱，谢谢你。我能够处理好我的事情，相信我，我也会做到让你相信。请你给我多一些时间。

孩子可以在心里对父母说：

🍃　爸爸妈妈，你们是大的，我是小的。

🍃　爸爸妈妈，虽然我很爱你们，但我没有资格管你们大人的事情。

爸爸妈妈，如果我想帮助你们，那就是小看你们。

爸爸妈妈，我爱你们，更要尊重你们。

无 力 感

生命中那个被遗忘的人

伯特·海灵格在谈论"生命与死亡"时提到：

生命和死亡，

每一个生命都要得到肯定和尊重。

死亡是我们的朋友。

死亡是我们生命中最大的支持力量。

我们每天都向着死亡走去。

生存与死亡是深藏在我们每个人内心的原生动力。对生和死的敬畏，会使得我们因为家庭系统的各种影响而产生各种不同的认知或行为，比如对于家庭的认同或对于自身的价值认知，比如在家庭系统中引发的忠诚、越位、竞争、排除等。

人无法脱离群体而单独发展，或者说人之所以具备高级生物的思维与活动，正是由其所在的社会群体共同赋予的。作为我们能够接触的社会群体的最小单元——家庭，我们同样无法脱离。无论是所处社会文化对于家庭所赋予的意义，或是家庭所在家族留传下来的家庭文化，也都会潜移默化地影响着我们，比如我们所常说的长幼有序——这也正是家庭中秩序的基石。

上述影响并不会被我们摆在脑海的表层，而是更多地被深藏进我们的潜意识，引导着我们塑造着世界观、价值观、人生观，影响着我们的情绪，改变着我们处理学习、社交、工作、婚姻、亲子等一系列方面的方法与行为。

业内常说，系统排列的工作方式是在潜意识上舞蹈。的确，多年来在我遇到了许许多多的案主，观读了他们的故事，见证了他们的成长与蜕变之后，使得我既感叹于造物的神奇，也感慨于人生之奇妙。

"允许任何事情的发生"，正是因为很多事情的发生本身，就是由我们潜意识中的意愿所推动的。尤其是在学习了伯特·海灵格的家庭系统排列之后，对于潜意识的力量更为感叹与敬畏。

所以，长久以来我愈加坚信："一切都是最好的安排，一切都是刚刚好，刚刚好才是真的好！"

胜男的故事，与生死有关。

胜男在预约的时候，就给我留下了深刻的印象，一个是她的名字，一个是她犀利直接的言语！

据她说，是一个朋友介绍来的，并很神秘地并没告诉我她朋友的名字。还未等到我正式介绍自己和引导她进入预约的流程，她便给我留言说："老师，我先问你几个问题，你回答了我便付款预约咨询。"

于是，她罗列了五个问题，其中一个让我有些出乎意料。她说："老师，在我找你之前，我是了解过家排的。我查了一下，似乎我有死亡动力。你能告诉我，我真的会死吗？"

我简要地回应了她的问题："从家庭系统上讲，很多人都有死亡动力。当我们经历过身边人死亡或者有堕胎的孩子等，每个人或多或少都会有死亡动力。但这不代表真的会死，不过死亡动力强的话，会对我们的生活或者一些关系产生很大的影响。"

回答完这个问题，没过多久，就收到三次咨询费的转账。

● 胜男：老师，我先预约一次，解决一下我经常出现的一种感受——无力感。我不奢求一次解决，所以支付三次的。

很快，在一个烈日炎炎的午后，我就在咨询室里见到了胜男。也许是北京的炎热激发了人们内心的焦躁，要约在今天的案主排得很满，而胜男则是下午的第一位。

不过，今天的胜男似乎要迟到了。按照约定的时间，还有不到三分钟，可并未见到她的人影。我发信息过去询问，可过了几分钟后，她才回复说："老师，我还在路上，有点堵车，大约还需要十分钟。"

"好吧，一切都是最好的安排！"我心想，"不过，她这是有内在的阻抗啊。"

时针飞快转动，很快就过去了十几分钟。就在我拨电话过去询问时，就听楼道里远远地传来了一连串"咯噔咯噔"的高跟鞋的声音。节奏明快，也很有力度。

我走出咨询室的门，站在门口望向廊道，只见一个身材高挑，披着一头中长卷发，戴着一副 Gucci 太阳镜的女子，身高大约一米六八的样子，正昂首阔步地向我走来。胜男用那洪亮的嗓音说："老师，很抱歉，我迟到了！"然而，从声音中我并没有听到一点点的内疚感，反而听到了理直气壮。我轻柔地回应着："没关系，我相信一切都是最好的安排，延长的时间，我们计入资费中即可。"

　　胜男看了我一眼，并没有做出任何表情，只是点头示意，随即果断地说："老师我们开始吧，我的议题是'数年困扰我的无力感'！这种无力感已经大大地影响我们公司的业绩和我的生活了！"

○　我（平静地告诉她）：胜男，先稍作休息，我们先按照咨询设置来。

　　从心理师的角度讲，"强势的案主"已经在控场了！所以，如果咨询师在咨询设置中一直被案主带着走，那就不只是被动了，会导致疗愈的效果也不好。我们做心理治疗师的人，不仅要以案主为核心，也要对平等尊重原则清晰无比。

　　于是，按照常规设置走完，我们开始了正式的咨询过程。

02 被遗忘的人
——离世的班主任

　　家排师在排列中去排查案主的问题根源时，通常都会将新生家庭放在优先位置，再是原生家庭，再就是家庭中的大事件相关人物。但这一次的排列，却让我很受触动。

　　胜男是一个特别理性的高知案主，很难进入意象，不过她的感知力还是很强的，我们用了三生万物棋，让她选出要排列的角色棋子。

　　胜男特别认真，每一个角色选好棋子后，都放在手中，闭目感知一下。当她选到代表"无力感"的棋子时，整个手腕居然如同骨折了一般，无力到了无法抬起来的地步。当她尝试着把自己和无力放在双手时，我看到她的两个臂膀都像被地球吸引住一样，不受控地下垂着。她闭着眼睛说："老师，我很虚弱，想要躺在沙发上！"

○　我：可以的，允许自己！你继续感受这种感觉，可以尝试为死去的爷爷选一个棋子并放在手里感知一下。

- 胜男：老师，这个棋子很痒，特别痒，从我的肩膀开始一直痒到手心。我有种很想抓挠的感觉。

我思索着，寻思着让她尝试对爷爷该说些什么。

- 胜男：老师，不行，太痒了。我想放下爷爷的棋子。
- 我：好的，先放下吧。我们再来感受一下无力感。
- 胜男：放下爷爷的棋子，踏实多了，手臂又恢复了无力感，不能抬起来了！
- 我：胜男，在你的生命中还有什么大事件，你没有写在信息搜集表上的吗？
- 胜男（思索了一下）：老师，大事件都得是家族里面的吗？
- 我：优先家族里的，其次是对于你个人来说遇到的大事件！
- 胜男：我想想，老师。我的脑海里想到一个人——我的高中班主任，他在我们高一下学期出车祸死了……
- 我：胜男，你选择一个代表班主任的棋子，感受一下。

胜男听到我的话，迟疑了一下，不过还是将手伸向了代表班主任的棋子。但就在她的手指触碰到棋子的时候，泪水瞬间奔涌而出，几乎到了当场崩溃的地步。她用两只手捧着班主任的棋子，不停地转动与抚摸着。

● 胜男：老师，我现在身上有些发麻。

我向她点点头，示意她继续说。

● 胜男：老师，你不知道，我们老班是骑摩托车出车祸死的。他被两辆面包车夹在中间，据说撞飞了好远，鞋都丢了……！那一年他才二十八岁，特别年轻，还有一个一岁多的女儿。他的事业发展很顺利，我们是他开始带班的第一届学生，他对我们特别好。他离开后，学校找其他老师接我们班，同学们都特别叛逆，特别抵触，我不记得赶走了几个老师。我是当时班级里的女班长，不过我也只认我们老班。从老班死后的记忆，我很多年都不记得发生什么了，直到现在也是碎片化的。第一次高考我都完全没印象了，高考后我复读过一次，这件事我从未跟人提过。

我看着躺卧在沙发中的胜男，原本那么刚强干练的女子，此时却哭得如此悲伤柔弱，不由得内心也酸楚了一番。

在这方小小的沙发上，我遇到了许多案主，观读了许多故事，见证了许多蜕变与成长，更感受了非常多的喜怒哀乐。然而，在这喜怒哀乐中，更多地都会伴随着各种"味道"的眼泪。——我常称这眼泪为"疗愈的珍珠"。

虽然，大多时刻我都能保持抽离与中正的心态，但这一刻却被胜男的眼泪给冲刷得有些松动了。——也许，是因为我几日前的夜里，梦到了我那已逝多年的姥姥。虽然逝世的原因不同，但相同的，应该都是对生命中重要人物失去的悲伤吧。

我们敬畏死亡，更要面对死亡，承认死亡。也只有这样，才会让悲伤这道创口愈合。

待到胜男充分释放完心底的悲伤后，我开始引导她去看向班主任，并对班主任说：班主任，你死了，我很伤心，我很难过，你怎么就死了呢？我想让你活过来……

胜男跟随疗愈的句子，边抽泣边倾吐。

● 胜男：老班，我就是想让你活过来，你死得太早了，太惨了！那么年轻就死了，老天太不公平了，凭什么啊？你知道吗？你要是能带我们三年，我们班高考的升学率和考上重点院校的同学应该是很多的！你知道吗，咱们班有个同学，就是你出车祸送你去医院的那个男生，差一点考上空军，后来不专心学习，文化课就差三分没过……老班，你怎么就死了呢？……其实我还很后悔，你死的那天是母亲节，你带老婆孩子看完自己的母亲，就去咱们学校的班级里看我们，那天我刚好和同学出去了，没上自习，我特别后悔和自责没能看到你最后一面，好遗憾啊！老班，说到这里，我的全身都是无力的……老班，你知道吗？这些年我自己开公司创业，每每到大项目和投资人来的关键时刻，我就退缩了，总是有种无力感，不知道自己在恐惧什么。曾经我以为是被合伙人欺骗后的创伤，现在我发现不是的，每每公司即将面临扩张的时候，我也会有很强的无力感，最后选择放弃，只带着二十人左右的团队，就这样活着。几年了没什么起色，我一直苦于寻找突破口在哪里……

胜男就这样哭诉着，说了足足三十多分钟。

我引导胜男，再次感觉着手里班主任的棋子，并对班主任倾诉。

● 胜男：老班，我尊重你的命运，同时我看到自己对你的死是那么悲伤了，我看到自己在用不允许自己成功的方式向你表达爱，我看到你对我们的爱了，我看到我是那么想去拯救你，我也看到了自己的渺小和无能为力……

胜男跟随着我的引导，哭诉着，眼泪再次如弹珠一样倾泻而下。

● 胜男：老班，我好想你，每当母亲节时，我都会想起你，虽然二十年过去了，我还是很怀念你。你是我生命中遇到的最好的老师，我们班的同学都很想你，很爱你的！谢谢你做我的班主任，即便时间很短，你仍旧是我的恩师，是我生命中最重要的人。我选择把你放在心里很重要的位置，我要开始过好我自己的人生，过好我自己的生活，这也是对你表达爱的最好的方式！……

○ 我：胜男，当你表达足够后，再来感受一下老师的棋子，还有无力感吗？

● 胜男：感受轻松很多了，我没想到自己对高中班主任有着这么多的悲伤和眷恋。前不久我出差回妈妈家，翻看到老班的照片，我只是看了一眼就放起来了，心想带回自己家，后来忘记了！老师，班主任的棋子可以把黑色的换成白色的了。让我再感受一下我刚刚无力感的棋子，这个棋子也可以换一个了，然后我再感受一下。

● 胜男（感受完棋子）：这个棋子可以放在远处了，就让它在远处吧!

○ 我:胜男,闭目感受一下自己的感受,也感受一下身体的变化。

● 胜男:轻松了很多。不过就是有点空的感觉,想打嗝。老师,我好饿啊!

○ 我:恭喜你,当放下一些东西后,你已经开始接受了,接受爱,接受能量了,接受你所需要的一切……

● 胜男(慢慢睁开水肿的眼睛,看着我说):老师,我其实在老班死后的那段时间,第一次和同学学会喝酒。其实我之前记得这些,后来不知为何,高中很多记忆没有了,我甚至都不记得后来有哪些老师教过我了……也许,是我回避了这份悲伤!我也从来没想到过,老班的死对于我来说,会有这么大的影响!

○ 我:是啊,那时你还小啊!更何况你那时,学校里也没有心理老师。其实这种事件,学校应该给学生们及时做心理疏导和危机干预的!不怪你!

治愈的过程虽然历经各种卡顿,但是当我们的内在准备好面对时,终将会克服那些沟壑,潜意识会带你走向治愈的殿堂。当我们通过排列追寻到问题的根源时,因果自然显现,疗愈自然而然发生,爱也便自然而然地从"盲目的爱"走向"智慧之爱"!

　　胜男的个案，是在中元节前。而在这样一个祭奠亡者的传统节日之前，引发这样一次面对亡者的咨询，也许还真是冥冥之中的天意。

　　其实，祭奠亡者，就是面对死亡。承认死亡的方式，同时，更是一次我们与家族、与祖先、与亡者、与生命的对话。——也许，我的触动，也正是我的潜意识对我的提醒，提醒我是时候处理我心中那隐藏了许久的悲伤了。

　　亡者并不算真的死了，发生在他们人生中的事，会成为我们现在人生的一部分。他们在世时发生在他们身上的事，会或直接或间接地影响和支配着系统中的所有人。

　　承认亡者并面对死亡，可以让亡者在我们的灵魂中安息，不再成为我们内心的负担，我们也能够借此机会让家庭系统中的爱与传承再次流动起来。爱，一旦再次流动，不仅让自身更有力量和勇气，也会因为自身的改变，而带动家庭系统内更多成员，让爱盈满内心。

　　胜男的班主任并非她家庭系统的一部分，因此他的车祸离世给胜男带来的是一次"意外"的创伤。这种创伤恰恰引发了胜男意识深处源自其本身家庭系统的对死亡的悲伤与恐惧——也许，对于胜男来说，那枚被她拿起又放下的代表爷爷的棋子，背后还有许多的故事和功课要面对和解决吧。

生命很短，人生很长，让一切顺其自然。相信相信的力量，也相信一切都是最好的安排，一切都是刚刚好，而刚刚好才是真的好。

有些人不是亲人，但仍然和我们有着很深的联结。他们或许早已死去，但我们仍然难以放下。我们可以在内心里尝试下面这些句子。

◊　虽然你已经死了，但我从来都没有忘记你。

◊　我不太敢想起你，因为一想起你我忍不住伤心，或者落泪。

◊　我不知道命运为何如此对待你，我觉得命运真的太不公平了，对你太残忍了。

◊　我想为你做点什么，但我发现什么也做不了。这让我很自责。

◊　我不接受这样的命运，但我无力抗争。我恨自己的渺小，也恨自己的无能。

◊　我很想表达出我对你的那份爱，尽管我知道这份爱，你未必收得到。

◊　我很想表达出我对你的那份爱，想让你收到，想让自己心安。我只是想表达出我对你的那份爱，却没有在意你是否真的需要。

◊　你并不需要我的这份爱，因为这份爱并没有真正看到你。这是我的执着，我的需要，而不是你的。

◊　我要看到你也同样爱我，你必然不希望我如此的执着。

◊　我要看到你也同样爱我，你希望我能放下，你希望我能看到你对我的祝福和期盼，你希望我能尊重你的命运，尊重你的死亡。

◊　你并不希望我做什么，你只是希望我能活好自己。

◊　现在，出于对你的尊重，我放下我的执着，也放下我的自以为是；出于对你的尊重，我尊重你的命运，也尊重你的死亡。

◊　在我的心里永远都有你的位置，我将带着你对我的爱，你给我的美好，活好我自己。

家庭系统排列

家庭系统排列作为一种心理治疗技术，自诞生起就处于各种各样的误解之中。

家庭系统排列不同于传统心理治疗，具有非常大的颠覆性。传统心理治疗是建立在听觉系统上的，强调的是话语的艺术；而以家庭系统排列为代表的心理治疗，在听觉的基础上增加了视觉元素，并突出了视觉系统在心理治疗中的重要性。

这是极具颠覆性的突破，因为传统心理治疗被称为"谈话疗法"，而家庭系统排列为代表的心理治疗则颠覆了这传统，强调视觉元素和听觉元素同等重要，因此不能再使用"谈话疗法"来指代心理治疗。然而，不可忽视的是，传统仍然具有更大的影响力，因此不可避免地排斥着新生的事物。

相对于听觉系统，视觉系统能够传递更多的信息，因此，在同等情况下，家庭系统排列等疗法具有更加高效的特点。关于这一点，我们不妨来看看家庭系统排列早期所用的概念。

家庭系统排列，是有史以来最深刻、最强而有力的心理治疗之一。它跳脱细节直达问题的核心、根源，故而能够在短短几十分钟内，让人生得到疗愈、蜕变、解脱以及根本的改变。

对于家庭系统排列，我有一个更加通俗的说法：家庭系统排列，是心理的 X 光机，透视出内心的盲目，并转识成智。这一说法强调了家庭系统排列不同于传统心理治疗，而是以视觉为载体的特点。

在家庭系统排列圈子里，比较认可的家庭系统排列概念是这样的：

家庭系统排列由德国心理学家伯特·海灵格所整合发展，是一门透过代表角色排列来协助人们面对生命重大议题的方法。海灵格同时从排列过程中，观察到许多关于家庭、两性、亲子等重要关系的道理，以及家庭背后隐藏的动力，并发展出独到的"爱的序位"系统观点，以帮助人们学习将盲目的爱转变为成熟的爱，将家族的牵绊化作支持的力量，让人生更为幸福自在。

家庭系统排列最让人感到神奇之处，就在于以人为代表来呈现当事人潜意识的方式。

这里有一个很大的误区，过去一直以为代表呈现的是某种客观的家庭真相。在这里我非常慎重地予以澄清，这种认识是片面的、局限的。

家庭系统排列和其他心理治疗，包括传统心理治疗，在本质上是一致的，即工作对象都是当事人的意识和潜意识，并不是什么客观真相。

家庭系统排列的本质是，通过代表对当事人潜意识的呈现，而为当事人的意识所认知，并最终达到疗愈的目的。

尽管在本质上家庭系统排列和传统心理治疗并没有什么不同，但在实际操作以及理念上，还是存在着很大的不同。

首先，我们来说说实际操作上的不同。

传统心理治疗获取信息的方式，很大程度来自当事人的讲述。所以，传统心理治疗才有"谈话疗法"这个称呼。

而家庭系统排列获取信息的方式来自代表的呈现，这具有极大的颠覆性。这样的结果是，很多人表示了对"代表对当事人潜意识呈现"的怀疑。

幸好后来发展出了意象排列，让家庭系统排列不借助代表也能完成个案的疗愈。这也算是间接地推翻了怀疑。

其次，我们来说说理念的不同，我将以开关和灯的关系来说明这一点。

这里把开关比作因，灯的明灭比作果，而心理治疗就是确定开关和灯之间的关联性。传统心理治疗需要找到开关和灯之间的电线，因此需要把电线从墙里挖出来，以此来确定开关和灯之间的关联性。

而家庭系统排列则采用完全不同的方法，就是多按几次开关，然后观察灯的明灭，以此来确定开关和灯之间的关联性。因此，也诞生了家庭系统排列的另一个定义：家庭系统排列是一门帮助我们"看清人世间因果"的学问和方法。

家庭系统排列的创始人是德国心理学家伯特·海灵格。他生于 1925 年，终于 2019 年，享年 95 岁。

1993 年海灵格的第一本书《谁在我家》问世，标志着家庭系统排列的诞生。这本书是海灵格大师和他的学生根达·韦伯、亨利·博蒙特合著的。

2003 年海灵格第一次来到中国，此后他的足迹遍及全国。哪里有邀请，他就去哪里。

伯特·海灵格一直活跃在世界各地，直到 2017 年，也就是他去世前两年，他还在杭州传播着家庭系统排列。他在创作上也是同样的活跃，写了近百本有关家庭系统排列的书籍，其中有近 20 本已翻译成中文。

关于对家庭系统排列的描述，最多见的有两个词，一个是神奇，一个是震撼。

的确，"以人为代表"的工作方式让人耳目一新。很多时候，当事人甚至不用说一句话，心理治疗师就能够获取到当事人潜意识的信息，这令人非常震撼，连当事人自己也不例外。

最初，家庭系统排列就是用"以人为代表"的方式进行工作的。

由于这种方式需要团体的参与，这对习惯于用一对一的方式进行工作的心理治疗师而言，无疑非常不便。于是，他们开始尝试用椅子、坐垫、鞋子甚至手边的各种物件来代替人，并且取得了实质性的进展。这种方式被称为"小物件排列"。

　　而本书涉及的是家庭系统排列的第三种工作方式，即意象排列。这种方式既不用人，也不借助任何物件，而是由当事人自己在脑海中构建画面的。